SI ACASO
SE ME
OLVIDA

SI ACASO
SE ME
OLVIDA

JACOBO RAMOS

CASA
CREACIÓN

La mayoría de los productos de Casa Creación están disponibles a un precio con descuento en cantidades de mayoreo para promociones de ventas, ofertas especiales, levantar fondos y atender necesidades educativas. Para más información, escriba a Casa Creación, 600 Rinehart Road, Lake Mary, Florida, 32746; o llame al teléfono (407) 333-7117 en Estados Unidos.

Si acaso se me olvida por Jacobo Ramos
Publicado por Casa Creación
Una compañía de Charisma Media
600 Rinehart Road
Lake Mary, Florida 32746
www.casacreacion.com

A menos que se exprese lo contrario, todas las citas de la Escritura están tomadas de la Santa Biblia, Nueva Versión Internacional ©1999 por la Sociedad Bíblica Internacional (marcada NVI). Usada con permiso.

Las citas de la Escritura marcadas (RV95) corresponden a la Santa Biblia Reina Valera Revisión 1995, Edición de Estudio © Sociedades Bíblicas Unidas, 1995. Usada con permiso.

Editado por: Living Miracles
Diseño de la portada: Justin Evans
Director de diseño: Bill Johnson
Fotos de portada: Eli Samuel Santa
Copyright © 2011 por Jacobo Ramos
Todos los derechos reservados
Visite la página web del autor: www.jacoboramos.com
Library of Congress Control Number: 2011922978
ISBN: 978-1-61638-071-7
E-book ISBN: 978-1-61638-338-1

11 12 13 14 15 * 5 4 3 2 1

Impreso en los Estados Unidos de América

Dedicatoria

PARA HOSANNA Y Paloma Mía:
Papi y Mami viven orgullosos de ustedes. Vemos las grandes cosas que Dios les tiene preparadas. Oramos para que Dios nos dé la sabiduría y fortaleza para impulsarles cada día a caminar en pos de éstas.

Hemos dedicado tiempo y esfuerzo para abrirles un camino amplio. Es nuestro deseo que alcancen más de lo que hemos alcanzado nosotros, que vuelen más alto de lo que jamás pensaron volar y vivan la fe con toda intensidad. Las veremos siendo de influencia, bendición y ejemplo.

Princesas, nunca olviden lo que Dios ha hecho con nuestra familia. Tengan presente la jornada de restauración que hemos recorrido. Cada uno de nosotros es un milagro de Dios. Si Dios nos ha traído hasta aquí, no es para volver atrás. Desde nuestros abuelos, Dios nos ha visitado con milagros de amor y misericordia, para hacernos entender que nuestras limitaciones nunca serán capaces de detenernos. En todo lo que emprendan en la vida, tengan la certeza de que Dios es un Dios de segundas oportunidades y nuevos comienzos. Él lo ha hecho con cada uno de nosotros.

Recuerden cada mañana, que Él cumplirá su propósito en ustedes. Vivan agradecidas, vivan apasionadas, vivan para dejar un mayor legado que el que se les ha confiado. Al despertar, nunca olviden que nos honra ser sus padres.

En este tiempo, Dios les pasa el batón. Tómenlo con fuerzas y corran con fe, pasión y determinación, hasta llegar a la meta que Dios les ha puesto. Siempre contarán con nosotros. Nunca olviden que Dios no las dejará. Recuerden las promesas de Dios y su fidelidad.

Tengan presente que Dios les ha llamado a vivir una vida de plenitud. Cuando se vean tentadas a conformarse con una vida común, miren al cielo y alcen vuelo. Impúlsense alto para caminar, con fe y certeza, la senda que Dios ha trazado para nosotros.

Recuerden: amen con intensidad. Caminen de manera que honren la virtud que fue derramada por nuestro Señor Jesucristo en la cruz. Caminen en amor y por amor.

Les amamos,
Papi y Mami

Agradecimientos

A MI ESPOSA RAQUEL, por enseñarme a amar. Tu cariño suavizó mi corazón y me ha hecho ver la vida desde otra perspectiva. He crecido como hombre y como padre. Tenerte a mi lado ha sido un privilegio. Admiro tu sabiduría y tu amor desinteresado. Nunca podré agradecerte lo suficiente por todo lo que has sembrado en mí. Gracias por creer en mí, antes de que muchos lo hicieran. Gracias por animarme, cuidarme y exhortarme con entendimiento. Por vivir esta aventura junta a mí y ser aliada en mis sueños.

¡Qué bueno es caminar juntos esta aventura llamada vida! Disfruto cada segundo al lado tuyo. Después de tantos años, me honra saber que seguimos siendo amigos. Me cautivan tu dulzura, tu pureza, tu sinceridad y tu ternura. Te escogí hace doce años como mi esposa, y cada amanecer me alegra volver a escogerte. Cada mañana tengo el privilegio de saber que hallé el bien junto a ti. Viviré eternamente agradecido por ti.

A nuestras hijas, Hosanna y Paloma Mía, ustedes son un regalo. Gracias por enriquecer mis días.

A mis padres, Elliot y Dwina Ramos, gracias por su ejemplo y dedicación. Lo que muchos ven en mí hoy, ustedes comenzaron a sembrarlo en fe.

A mis hermanos, Elliot Hiram, Damaris y Lola, les amo. Gracias por creer en mí. Son una inspiración para mi vida.

A mis sobrinos, anhelo que encuentren un camino como el que nosotros hemos recorrido, y que corran con todas las fuerzas para alcanzar todo lo que Dios tiene preparado para ustedes.

Rey y Mildred, sus consejos, ejemplo y cuidados han marcado a nuestra familia. Viviremos siempre agradecidos.

A todo el equipo pastoral de la Catacumba 5, gracias por creer en nuestro llamado y permitirnos crecer junto a ustedes. ¡Somos privilegiados!

A mi casa, la Catacumba 5, gracias por amarme, bendecirme y cubrirme.

A la banda y a todos en el Equipo Aire, gracias por caminar junto a mí. Seguiremos viendo milagros juntos.

A Blanco, Muma y Mónica, he visto a Dios a través de sus vidas. Gracias por ser parte de nuestra familia, por amarnos y levantarnos las manos en todo momento.

Al Dr. Benny Rodríguez, por tus conversaciones, perspectivas y anotaciones claves.

A todos los autores cuyos libros me han inspirado.

A la profesora universitaria que me dijo que nunca me dedicara a escribir. Profe, sus palabras me desafiaron, y Dios sabe bien que disfruto los desafíos.

Aunque mencionado último, Él sabe bien que va primero. Gracias, Dios, por tenerme en cuenta. ¡Qué bueno que tú siempre ves más allá de nuestras limitaciones!

Tabla de contenido

Prólogo

HAY LIBROS QUE llegan justo a tiempo. Al pasearme por las páginas de esta cautivante lectura del pastor Jacobo Ramos, supe que este era uno de ellos. Fuimos muchos los que disfrutamos su primer libro *A pesar de la Lluvia*. Tengo la certeza que esta nueva obra la podrás disfrutar aún más. *Si acaso se me olvida* está escrito no solo con una gran riqueza de preceptos bíblicos sino también con sabiduría emocional. Creo que Jacobo en este libro se ha consagrado como escritor.

El mensaje contenido en estas próximas líneas es de una relevancia extraordinaria para estos tiempos tan difíciles. No solo para el mundo en general, sino también para la Iglesia. Con una sensibilidad única, Jacobo nos inspira a creer, a volverlo a intentar, a confiar en el poder obstinado del amor de Dios; nos impulsa a darle a Dios la victoria sobre nuestros fracasos. Sencillamente el Espíritu Santo usará este libro para "obligarnos" a recordar; ejercicio imprescindible para los que vuelven a levantarse.

Admiro mucho a Jacobo porque lo he visto crecer; lo he visto poner en práctica en su vida todos los consejos que comparte en este hermoso libro. Su vida como hombre es una inspiración para aquellos que han perdido la fe en sí mismos. Su vida como hijo nos ayuda a creer que todas las cosas son hechas nuevas en Cristo Jesús. Su vida como esposo es una inspiración para aquellos que comienza sin un andamiaje de cultura familiar exitosa en que apoyarse. Su vida como padre es una bendición porque sus hijas lo reflejan.

En fin, recomiendo esta lectura que llegó con una frescura de Dios muy especial mezclado con el fuego abrazador de un Salvador apasionado por provocar un avivamiento espiritual entre sus hijos. Jacobo, amado hijo en el Señor, ¡Te felicito!

A ti que tomas este libro, te animo a encontrar en esta lectura, una jornada de regreso a lo más importante de tu vida.

—Rey Matos

Introducción

ERA MUY TEMPRANO de mañana cuando llegó la pregunta. No tuve tiempo para prepararme. Ni siquiera tuve la oportunidad de llamar a algún amigo o consejero, o leer un libro que me brindara ayuda. Es que así pasan muchas veces en la vida. Los momentos más definitivos llegan sin anunciarse. Estaba sentado a la mesa junto a mi familia, listo para desayunar. Luego de disfrutar una de esas especialidades que nos prepara mi amada Raquel, me lanzaron la bomba sorpresivamente. Casi me ahogo. Le abrí los ojos a mi esposa, dejándole saber que la cosa se había puesto interesante. Si no hubiera sido por el vaso lleno de agua que tenía de frente, no sé que hubiera ocurrido cuando una de mis hijas me dijo: "Papi, ¿por qué los padres se divorcian?" Tragué gordo, intentando comprar tiempo mientras me recuperaba.

¿Cómo le contestas a tus niñas, a tan temprana edad, una de las preguntas más profundas que existen? ¿Por qué muchos se divorcian? La pregunta tenía tantas ramificaciones y ángulos de los que hubiera podido decidir responderles, y sabía que podría tomar mucho más tiempo del que ellas podían tolerar a su edad. Entendí bien que lo que ellas necesitaban era una respuesta rápida que les ayudara a entender este mundo tan cambiante donde vivimos.

No iba a ser fácil contestarles. Primero, tenía que tener presente que eran niñas, y deseaba responder considerando sus edades: ocho, la mayor y cinco, la pequeña. Además, debía contestar con elementos que fueran conocidos y relevantes para ellas.

Aunque eran chicas, muchas cosas pasaban en su mundo. Primero, estaban cerca de otros compañeros de estudio cuyos padres se habían divorciado, y habían visto el dolor de esos compañeros. Segundo, en casa ocasionalmente veíamos un programa de televisión que presentaba a una familia cuyo matrimonio luego de varios años juntos, se estaba divorciando. A mis niñas les fascinaba ver crecer a los chicos de esa familia. Lo que sucedía en la familia del programa, se había convertido en parte de nuestras conversaciones.

1

Sé que para las niñas la familia parecía infalible, y así es la televisión. Sin embargo, ahora que los padres se divorciaban, tenían muchas preguntas que no podían contener. Al ver los ojazos de ambas fijos en mí, asumí la responsabilidad de contestarles como padre de la casa. "Hijas", les dije, "hay muchas razones para que los padres lleguen a divorciarse. Si tuviera que definirlo en una oración, les diría que los padres se divorcian porque se olvidan.

"Se olvidan del compromiso que hicieron el día de la boda. Se les olvida que el compromiso que hicieron era por toda una vida. Se les olvida por qué se casaron y por qué se enamoraron". Una de ellas me miró y me dijo la pregunta que sabía que vendría. Era inevitable. "¿Y ustedes... se van a divorciar?"

Mi esposa Raquel y yo nos miramos. Era la mirada que se mezcla entre la tristeza y una pizca de realidad. Todo se agolpaba a la misma vez. Tristeza porque sabíamos que para ellas tenía que ser algo muy doloroso pensar que sus padres pudieran llegar a eso. Les desesperaba la inseguridad de pensar que ellas también podrían pasar por el dolor que sus compañeros estaban experimentando, y necesitaban disiparla.

La mirada de realidad entre Raquel y yo se debía a que teníamos que aceptar el hecho de que nuestras hijas estaban creciendo, y tenían los mismos temores que enfrentamos todos los que transitamos por este mundo caído. Ver a tantos caer en la carrera de la vida, en ocasiones, intenta debilitar nuestra fe en las cosas puras que existen; en lo valioso que tenemos delante.

No pude evitarlo. Las miré fijamente y con la mayor certeza con que se puede declarar algo en esta vida, les hablé. Como si fuera un testamento, les hice la siguiente declaración: "Cuando mami y yo nos casamos, decidimos amarnos por toda la vida. Cuando hicimos el pacto el día de la boda, lo hicimos delante de Dios. Allí, aunque ustedes no habían nacido, las incluimos a ustedes. Dijimos que íbamos a amar toda la vida a la familia que tuviéramos. Hosanna y Paloma, ustedes son parte de este compromiso. Nos amaremos, nos cuidaremos y seremos familia toda la vida. Mis amores, papi y mami no se van a divorciar. Estaremos juntos".

Ambas me miraron fijamente a los ojos, y como saliendo de la nada llegó la última pregunta: "¿Y si se les olvida?", me dijo una de ellas ingenuamente, sin saber cuánto peso traía la pregunta. "¿Si se nos olvida qué?" le contesté. "¿Si se les olvida el compromiso que hicieron? ¿Si se les olvida, papi? ¿Si se les olvida?", insistía ella con dulce y contundente voz.

Tengo que confesar que me tomó por sorpresa. Todo hombre que vive con chicas inteligentes se acostumbra a esperar las preguntas inesperadas. ¿Pero ésta? Ésta sí que no la esperaba. No pude dejar de sonreír. Las chicas que tengo, siempre me ponen a pensar. Me mantienen dependiendo de la sabiduría divina.

Me percaté que en la pregunta había mucha sabiduría. En la vida hay momentos difíciles que llegan porque olvidamos las primeras lecciones, los compromisos primordiales que hemos hecho en esta vida. También olvidamos las prioridades, razones y motivaciones que nos mueven a hacer las cosas que hacemos. Es que a veces, de hacer tanto lo que hacemos, se nos olvida por qué lo hacemos.

Sólo les pude decir: "Mi amor, para eso necesitamos a Dios. Él nos ayudará a recordar constantemente. Su Espíritu nos guiará y su Palabra nos guardará". Para eso estamos nosotros. Para asegurarnos de que nunca nos olvidemos qué fue lo que nos trajo hasta aquí, cuáles son las prioridades de nuestra vida y qué es lo que nos mueve. Éste es un ejercicio intencionado que debemos hacer cada día de nuestra vida".

Amigos, de esto se trata esta lectura. En *Si acaso se te olvida*, hallarás principios prácticos para mantener claras y vivas las prioridades más importantes de tu vida. Son algunas lecciones que nunca debemos olvidar. Son enseñanzas que nos ayudarán a guardar nuestro norte, a cultivar nuestra pasión, y a velar por lo más valioso de nuestras relaciones.

Esta lectura es para ti también, que has sentido tu corazón deshidratarse en la carrera. Es para aquellos a quienes la vida les dice que es tiempo de re-enfocar sus prioridades. Abro aquí mi corazón con mucha honestidad y sinceridad, para que puedas ver etapas de mi vida que me han dado lecciones que he decidido no olvidar.

Esta lectura será útil para ti, que tratas de comenzar de nuevo, luego de un fracaso. Para ti, que anhelas desesperadamente renovar tu fe y tu pasión. Para ti, que sabes que necesitas atesorar y cultivar lo más preciado que tienes en la mano. Esta lectura es para ti. ¿Qué tal si empezamos?

"Una de las tragedias más grandes de la civilización moderna es que tú y yo podemos vivir una vida superficial sin sentirnos culpables".

—Tim Hansel

capítulo 1

Una invitación a una vida extraordinaria

S E ENCONTRABA SENTADO allí, en la orilla, de vuelta al lugar donde nunca pensó que regresaría. Después de llegar tan lejos, lo menos que uno espera es regresar al lugar donde empezó.

Pareciera haber algo en las orillas. Cada vez que algo no va como pensábamos, somos atraídos hacia ellas. En ocasiones, al probar el sinsabor del fracaso, nos vemos tentados a regresar a la orilla. Cuando el corazón parece secarse o nuestras fuerzas se debilitan, todo nos invita a abandonar la vida en las profundidades, y regresar a la vida común que nos brinda la orilla.

¿Por qué se nos hace tan fácil conformarnos con una vida corriente y rutinaria? Aún cuando sabemos que hemos sido llamados a una vida extraordinaria, algo en nosotros nos hace fácil ceder a la invitación de una vida común y corriente.

Luego de tantas experiencias que marcaron su vida, decidió volver. Después de tantos pasos extraordinarios, pensó que no tenía otra opción que dejarlo todo y volver al lugar que conocía. Los lugares conocidos traen cierto sentido de acomodo y seguridad, en medio de tantas emociones cambiantes que a veces encontramos en el camino. Por eso somos atraídos hacia allá fácilmente.

Su nombre, Pedro. Seguramente sabes quién es él. Se le ha conocido por su entrega, disposición y arrojo. Sin embargo, uno de los momentos que más definió su vida surgió en medio de una gran prueba. Una de ésas que no nos permiten seguir siendo los mismos.

Después que había prometido darlo todo, en el día de la adversidad negó aquello que había creído. Le dio la espalda a Aquel que le había honrado sacándolo de la barca para invitarlo a caminar sobre las aguas.

Una mala noche fue suficiente para hacerle pensar que todo estaba perdido. Luego de haber negado al Maestro, pensó que debía darle la espalda a todo lo que había vivido. En medio de todo, decidió regresar a la orilla... allí donde Jesús le había ido a visitar; aquel lugar que había abandonado una vez. Había tomado su barca, y en lugar de surcar nuevos mares, había decidido amarrarla al muelle de la conformidad.

No era fácil soportar el peso que llevaba en sus hombros. Traía consigo un poco de culpabilidad, otro poco de decepción, una porción de temor, vergüenza y algo de incredulidad. ¿Cuándo fue que todo lo que disfrutaba perdió sentido? ¿Cómo fue que pudo ser capaz de negarlo todo, precisamente cuando había declarado abiertamente que eso sería lo último que haría en su vida?

¿Qué se hace cuando sabes que puedes tener una vida de trascendencia, pero todo lo que viviste te lo ha hecho olvidar? ¿Qué sucede cuando has decidido llevar todo el potencial que ha sido puesto en ti, a la orilla de la vida simple y de la existencia llana?

Muchos hemos estado allí. Somos muchos los que hemos tocado fondo y hemos tomado nuestras barcas para regresar a la orilla, al lugar seguro. Una vez acomodados allí, tiramos nuestras anclas y las fijamos fuertemente para que nada nos pueda sacar de ese estado. Se nos olvida que los botes y las embarcaciones se ven lindos amarrados en el muelle, pero no fueron construidos para estar allí.

En medio de la adversidad, muchos de nosotros tomamos decisiones permanentes debido a situaciones temporeras. Por fracasos y tropiezos pasajeros, tomamos decisiones que secuestran todo nuestro futuro. Muchas veces secuestramos nuestro futuro por debilidades del pasado. Abandonamos la fe que nos llevó a ver más allá de nuestras limitaciones, y nos vemos regresando a la arena de la vida común. ¡Qué bueno que Dios sabe encontrarnos allí, en la orilla! Nada mejor que saber que aún en nuestros intentos de renuncia, Dios viene a alentar nuestro corazón, una vez más.

Allí se encontraba Pedro. Trataba de ponerle fin a una lucha interna que no sabía cómo dejar atrás. La vergüenza no le permitía continuar caminando como si nada hubiera pasado. Por eso, después de hacer lo que nunca imaginó, negar al Maestro, regresó a lo conocido, a la vida común. ¿Cómo puede uno que ha caminado sobre las aguas, conformarse con simplemente caminar sobre la arena? ¿Cómo puede aquel que había visto tantos milagros, resignarse y decirle a su corazón que no creyera más en lo imposible? ¿Cómo pudo? ¿Cuándo empezó? ¿Se puede conformar uno con ser pescador de peces después de ser un pescador de hombres? ¿Cómo se puede? ¿Cómo podemos?

Pedro se encontraba en ese lugar, tratando de borrar cada memoria que le hacía recordar la vida tan extraordinaria que había experimentado. Hay un detalle que debemos tener presente con esto. El que olvida, se pierde. Cuando uno se olvida de todo el camino que ha recorrido, pierde el sentido de dirección.

Cada vez que se nos olvida lo que Dios hizo ayer, se nos olvida que todavía es capaz de hacerlo hoy. El que se olvida de los milagros que el Señor hizo ayer y de la fidelidad que demostró, pensará que Dios ha dejado de ser fiel hoy. Recordar las obras de Dios nos ayuda a mantener la fe en medio de lo que vivimos hoy, y nos brinda esperanza para el mañana.

Debido a todo lo que Pedro había vivido, pensó que lo mejor era olvidar. Ésa era una tarea que parecía fácil, si no fuera porque cada camino, rincón, rostro y lugar le hacían recordar la vida que experimentó junto al Maestro. Todo a su alrededor le traía a memoria los días cuando caminó junto a Jesús, el Hijo de Dios. Por eso, luego de tantas vueltas en la arena, se viró y le dijo al resto de los muchachos que andaban con él:

"Me voy a pescar, dijo Simón Pedro".

—Juan 21:3

A todos ellos les pareció bien y decidieron acompañarlo. No soportaban quedarse un minuto más en aquella orilla. Tal vez la pesca les vendría bien. Echaron las redes y por más que lo intentaron, nada pudieron pescar. Aquel pescador que regresó a su ambiente conocido, parecía haber perdido su habilidad. Pedro tuvo que sentirse impotente e incapaz. Fueron tantas las preguntas que llegaron a su corazón: "¿Algún día podré regresar? ¿Habrá vida después de tan horrible error? ¿Se puede comenzar de nuevo después de tan inesperado tropiezo? ¿Habrá vida después del fracaso y la decepción?

Se notaba la incertidumbre en las caras de los demás. Nadie sabía qué sucedería ahora. Parecía que regresar a la vida pasada ya no era opción. Cuando algo sale mal, uno trata de entenderlo, y en ocasiones logra recuperarse. Pero cuando parece que todo nos sale mal, ¿qué se supone que uno haga?

Pedro no sabía qué hacer. Miraba alrededor y todo le recordaba aquella primera vez que se encontraron. Es en momentos como ésos que vemos que la gracia de Dios se hace más que suficiente en nuestras vidas. La gracia de Dios está disponible para corazones como el tuyo y el mío: corazones que anhelamos mucho más que una vida rutinaria y vacía. Para ésos que pensaron que todo estaba perdido, Dios viene a verles y a invitarles una vez más a caminar sobre las aguas. Su dulce voz nos invita a beber de las aguas que avivan la más deshidratada de las almas, y a abrazar la gracia que renueva al más debilitado corazón.

Como la primera vez

Todo se parecía tanto… la orilla, la barca, los peces, el cansancio. Es que la historia parecía repetirse. El escenario era el mismo y los personajes, idénticos. Allí se encontraba Pedro luchando por sobrevivir, luego de sentir que había decepcionado a tantos, incluyéndose a sí mismo. Como muchos de nosotros, intentaba recuperar la vida después de una gran decepción. Tal vez había pensado: "Si regreso a lo que conozco y tengo éxito allí, seguro me olvidaré del dolor del pasado y del tropiezo del ayer".

Parecía que la película se repetía. Todo era tan parecido como la primera vez. Por eso cuando se vio en la barca, pescando sin éxito, tuvo que recordar aquel inolvidable encuentro; aquel que tuvo con el Maestro, justo cuando estaba a punto de darse por vencido.

"Un día estaba Jesús a orillas del lago de Genesaret, y la gente lo apretujaba para escuchar el mensaje de Dios. Entonces vio dos barcas que los pescadores habían dejado en la playa mientras lavaban las redes. Subió a una de las barcas, que pertenecía a Simón, y le pidió que la alejara un poco de la orilla. Luego se sentó, y enseñaba a la gente desde la barca".

—Lucas 5: 1-3

Antes de conocer a Jesús por primera vez, el pescador se había resignado a una vida común y ordinaria, mientras trataba de recoger los pedazos caídos de su vida. Había abandonado las profundas aguas, a cambio de lo corriente de la orilla. Allí en medio de su atareada vida, Jesús vino a verlo. Es que Dios sabe visitar nuestras orillas. Él es un experto en visitarnos en nuestros momentos de mayor debilidad. Él nos conoce bien. Conoce bien que cuando las cosas no salen como esperamos, nos vemos tentados a correr a ese lugar. Es allí precisamente donde nuestros corazones pueden encontrarse con el suyo y Él despierta en nosotros pasiones incomparables. Una visita de Jesús en nuestros tiempos de flaquezas marca nuestras vidas para siempre.

Dios conoce bien nuestra condición. Sabe que somos selectivos para recordar, especialmente cuando nos enfrentamos a tormentas, traiciones y decepciones. Por eso Dios necesita llegar a nosotros en esas temporadas; para recordarnos lo que a nuestra mente le cuesta ver.

Hay muchas cosas que nuestra mente puede olvidar, pero hay momentos que marcan nuestras vidas. Dios lo sabe bien, y continuamente busca oportunidades para dejar en nosotros esas huellas que nos ayuden, en el día de la prueba, a regresar al camino correcto. Cada experiencia en la que Dios mismo nos va a visitar, nos ayuda a recordar lo que Él desea hacer en nuestras vidas.

He estado presente en momentos que han definido las vidas de muchos para bien o para mal. Muchos agradecen que en los momentos más difíciles de sus vidas, alguien haya tomado tiempo para estar presente. Seguramente, te ha pasado algo similar. Ya sea que estés experimentando un divorcio, conflictos, enfermedad o tiempos de necesidad, no importa cuál sea la situación, es significativo cuando alguien nos visita en nuestras orillas.

En una ocasión mi, esposa y yo salíamos en el auto. Cuando nos detuvimos en el semáforo, nos dio con mirar hacia el auto del lado y vimos esta joven llorando sin poder contenerse. Mi esposa y yo nos miramos, y ambos decidimos dar a la joven una señal, y detenerla en la carretera para orar por ella.

Seguimos manejando y nos percatamos de que ella se detuvo en una gasolinera. Nos estacionamos, y mi esposa se acercó a ella y le preguntó si podíamos orar por ella. Vi su rostro. Estaba espantada. ¿A quién se le ocurre orar por alguien en una gasolinera? Allí, en medio del olor distintivo de la gasolina mezclado con aceite y neumático, ella sabía que eso era lo que necesitaba. Por eso, a pesar de todo el ambiente, aceptó. Oramos por ella y pudimos palpar que allí, donde ella menos esperaba, Dios vino a verle. Al terminar, con lágrimas en sus ojos, nos contó parte de lo que estaba viviendo y lo especial que había sido esa experiencia.

Para aquellos que hemos transitado en la orilla, como Pedro, un simple gesto o una palabra a tiempo, significa la diferencia entre la vida y la muerte. Si hoy te ves en una situación parecida, lo primero que debes recordar es que Dios llegará a ti y no te dejará solo. Precisamente eso era lo que Pedro experimentaba. Allí en la orilla, él pensaba que su vida no tenía sentido. Parece inconcebible para nosotros que él haya pensado algo así, ya que conocemos el final de la historia.

"Cuando acabó de hablar, le dijo a Simón: —Lleva la barca hacia aguas más profundas, y echen allí las redes para pescar.

Maestro, hemos estado trabajando duro toda la noche

y no hemos pescado nada —le contestó Simón—. Pero como tú me lo mandas, echaré las redes".

—LUCAS 5:4-5

Pedro estaba en la orilla del lago, limpiando sus redes. Mi abuelo, que era pescador, me dijo que la única razón por la cual un pescador limpia sus redes, es para terminar su jornada de pesca. Esa limpieza era una señal pública de que algo significativo estaba sucediendo en el interior de Pedro. Se estaba dando por vencido. Pedro se sentía incapaz de cambiar su realidad. Lo que no sabía Pedro era que sí podía cambiar su realidad. Jesús estaba cerca, había visto su decepción y lo estaba visitando allí en la orilla. Estaba a punto de ver cuánto Dios ama visitarnos en nuestras orillas para invitarnos a una vida extraordinaria.

La petición fue sencilla: "Lleva la barca hacia aguas más profundas". Es impresionante cómo esperamos tener resultados profundos viviendo en lo llano. No había manera de retomar su fe, entrega y pasión, quedándose allí en la orilla. Jesús fue claro: "Regresa al lugar a donde fuiste llamado a estar". En las profundidades, verás la vida llena de milagros. Allí tu fe se avivará y tu pasión se renovará.

Pedro le dijo a Jesús: "*Hemos estado trabajando duro toda la noche y no hemos pescado nada*". Dijo lo que muchos hemos pensado cuando estamos en la misma situación. Es la voz de la decepción y el cansancio, que grita: "Ya lo he intentado todo. Estoy cansado de intentarlo. Nada nuevo puede ocurrir". Sin embargo, Dios le estaba invitando a ver lo imposible: a transformar su vida de existencia en una de trascendencia. Ése es el clamor que Dios nos hace hoy día.

Mientras muchos viven en sus orillas, pensando que sus oportunidades han pasado a la historia y creyendo que sus mejores días ya quedaron atrás, Dios les dice: "Aún queda más. Esto no es todo. Entra mar adentro". Todavía podemos escuchar el eco de su voz, que nos continúa invitando con amor a caminar hacia una vida superior, mientras nos dice: "Aún queda camino para ti".

Éste es uno de los momentos que más me llama la atención en la Escritura. Vemos a Jesús, el carpintero, dándole instrucciones al pescador de cómo pescar. Pedro le pudo haber dicho: "Jesús, tal vez tú conoces bien cómo trabajar la madera, pero yo sé de pescar. Ya lo he hecho todo, pero nada funciona. Créeme". Ése sería uno de los primeros desafíos que Pedro debía enfrentar: "¿Sigo haciendo las cosas como las he hecho hasta ahora aunque no haya obtenido resultados, o decido escuchar esta nueva propuesta?"

Esa invitación no tenía que ver sólo con una recomendación de cómo pescar. Éste era un momento clave en la vida de Pedro. Es el momento donde todos somos invitados a decidir. ¿Nos quedaremos en la orilla o entraremos en el mar profundo? ¿Nos conformaremos con una vida común, o responderemos a la invitación del padre a vivir una vida apasionada y extraordinaria? Dios nos ve allí y sabe bien que no fuimos diseñados para estar en las arenas de la vida, sino a vivir una vida fuera de este mundo.

La primera vez que Pedro se encontró con Jesús fue luego de estar toda la noche pescando sin éxito. Pedro aprendería por primera vez que Dios no se da por vencido con nosotros. No hay tropiezo que lo aleje de nosotros, ni fracaso que no pueda restaurar. El corazón de Pedro había decidido rendirse, pero Dios insistía en impulsarle en amor. Le insistía diciendo: "Aún hay más para ti".

Pedro no tenía fuerzas en su espíritu para creer que algo nuevo podía llegar a su vida. Su corazón estaba muy cansado, y tal vez muy decepcionado para creer. Cuando el Maestro le dijo que tirara de nuevo la red, Pedro le contestó: "Porque tú lo mandas lo haré". Me parece que Pedro estaba siendo muy honesto en esta declaración, tal y como nosotros lo hemos hecho en algunas ocasiones. Era el gemir desde el corazón que dice: "No lo hago porque sienta que puedo, sino porque voy a confiar en ti". A veces, eso es lo único que se necesita: una Palabra que nos ayude a recobrar la confianza.

Muchos hemos llegado a ese punto. Es el momento en que decimos: "No es por lo que sé, no es por lo que tengo, ni tampoco por lo que hago. Nada de eso me ha permitido disfrutar una vida superior". Lo único que resta es confiar en Aquel que diseñó esta vida. Confiar en el camino que Dios me invita a caminar.

Lo menos que Pedro pensaba era que Dios estaba a punto de sorprenderlo. Cuando Pedro respondió en obediencia, tiró la red, y para su sorpresa vio el milagro que nunca pensó ver. Dios estaba abriendo camino para que él entrara a una vida que jamás había imaginado podría tener.

> "Así lo hicieron, y recogieron una cantidad tan grande de peces que las redes se les rompían. Entonces llamaron por señas a sus compañeros de la otra barca para que los ayudaran. Ellos se acercaron y llenaron tanto las dos barcas que comenzaron a hundirse. Al ver esto, Simón Pedro cayó de rodillas delante de Jesús y le dijo: ¡Apártate de mí, Señor; soy un pecador! Es que él y todos sus compañeros estaban asombrados ante la pesca que habían hecho, como también lo estaban Jacobo y Juan, hijos de Zebedeo, que eran socios de Simón.
>
> —No temas; desde ahora serás pescador de hombres —le dijo Jesús a Simón.
>
> Así que llevaron las barcas a tierra y, dejándolo todo, siguieron a Jesús".
>
> —LUCAS 5:6-11

Pedro quedó asombrado. Todos se dieron cuenta de que era una hora determinante en sus vidas. Dios les estaba visitando, y les llamaba a vivir una vida excelente. El tipo de vida que todos soñamos, pero no sabemos que existe. Pedro supo esa primera vez que sí existía. Fue por eso que decidió dejarlo todo y seguir a Jesús.

¿Qué hace que alguien decida dejar la vida tal y como la conoce, para emprender una aventura desconocida? Es tener la certeza de que la vida que tiene delante es una vida superior a la que se lleva. En el momento que Pedro se vio pescando como nunca imaginó, dijo: "Hay algo singular en sus palabras, algo poderoso en Él".

Fue tanta la fe y la pasión que se despertaron en el corazón de Pedro, que tuvo que caer de rodillas delante de Jesús y decir: "Apártate de mí, soy un hombre pecador". Ése es el momento donde nos encontramos con la realidad del poder de Dios, y a la misma vez con el estado de nuestra vida. Un encuentro con Dios hace que todo cambie. Cambia nuestra manera de ver todo. Pedro estaba recibiendo un nuevo enfoque en su vida, en una nueva perspectiva y una nueva pasión.

Eso hizo que esa primera vez que Pedro se encontró con Jesús, decidiera dejarlo todo atrás y correr en pos del Maestro. Ésa es la manifestación de esa primera pasión, ese primer amor. Una experiencia con el poder de Dios hizo que todo cambiara en la vida de Pedro.

Un encuentro en el momento preciso hará que una vida desconsolada halle esperanza; que el corazón deshidratado pueda sumergirse en el río del aliento de Dios. Si te encuentras así hoy, estás listo para encontrarte con tu cita divina, con tu encuentro determinante.

Hoy Dios se acerca a ti para ofrecerte una vida extraordinaria.

Para pensar y recordar...

1. ¿Sientes en tu corazón que Dios tiene para ti una vida superior?

2. Como Pedro, ¿disfrutaste una vida extraordinaria y tus errores te llevaron a volver a una vida común?

3. ¿Te sientes desesperanzado, pensando que ya no tienes derecho a superarte y a regresar a una vida superior a la que llevas?

4. ¿Crees que Dios te abandonó porque no le fuiste fiel?

Te invito a hacer está oración:

Señor, yo sé que eres el único que puede rescatarme de mi decepción. Me arrepiento de mi infidelidad ante ti, y de no haber entendido que tú me amas y quieres una vida superior para mí.

capítulo 2

Existencia o trascendencia

L UEGO DE LA invitación de Jesús, muchas cosas extraordinarias sucedieron en la vida de Pedro. Caminó sobre las aguas, confesó a Jesús como el Mesías, sanó enfermos, experimentó milagros impresionantes y estuvo dispuesto a tomar una espada en su mano para defender la vida de Jesús. Sin embargo, un día decidió negar todo lo que había visto y degustado. Por eso se encontraba en la orilla nuevamente.

¿Qué hizo que aquel que había dejado todo por seguir al Hijo de Dios, decidiera un día negarle? Parece inexplicable que un hombre que caminó tanto junto a Jesús, negara la fe que un día le dio propósito y avivó su corazón. Es fácil llegar a criticar a Pedro, pero la realidad es que muchos nos hemos encontrado en la misma situación.

Una de las razones puede ser que, con el paso del tiempo, muchas cosas se nos olvidan. Con el tiempo damos por sentado dónde estamos y cómo estamos. Podríamos caminar por la vida disfrutando de la sanidad que un día nos llegó, y con el tiempo se nos olvida cómo fue que la recibimos. Se nos escapa de la memoria lo que nos motivó a tomar decisiones que cambiaron nuestro curso de vida.

Hay cosas que nunca deberíamos olvidar

Hay muchas leyendas relacionadas a la construcción del Taj Mahal, en India. Es una obra impresionante, señalada como una de las siete maravillas del mundo. Quiero compartir contigo la más notable de esas leyendas.

Se cuenta que el emperador Shah Jahan decidió hacer un monumento para recordar el amor que tenía por su tercera esposa, quien había muerto durante el parto de su décimo cuarto hijo. Se dice que el emperador quedó muy triste debido a que no había tenido la oportunidad de brindarle a su esposa un palacio, ni una corona. Por eso propuso darle una ofrenda póstuma. Decidió edificar un palacio que sirviera de tumba para ella.

Más de 20,000 hombres trabajaron en la construcción de este memorial. Valiosos materiales como mármol blanco, oro y piedras preciosas se trajeron de diferentes puntos del mundo para añadirle atractivo a esta hermosa obra.

El tiempo pasó y la obra comenzó. Llegó un punto donde la carga, las tareas y las responsabilidades de esta construcción abrumaron al emperador. Cada detalle requería mucha atención de su parte. Pasado el tiempo, ya había perdido el entusiasmo y la pasión que tenía al comienzo. Al ver todos los malestares que traía la edificación, estaba muy incómodo y cansado. Un día llegó malhumorado a la construcción, y comenzó a tomar decisiones a la ligera.

Mientras caminaba por el palacio, tropezó con una caja de madera que se encontraba entre los escombros de la construcción. Molesto, sacudió su pierna y ordenó que se deshicieran del cajón viejo. Ninguno de los obreros se atrevió a decir algo. Sin saber, el emperador había pedido que retiraran la caja que contenía los restos de la emperatriz amada, la misma a quien había querido honrar.

El palacio fue terminado después de veintidós años. Desde entonces, se conoce al Taj Mahal como el único palacio que no tiene reina. El emperador nunca imaginó que aquel tropiezo era una señal que debió haberle hecho recordar qué le llevó a construir ese palacio. Hay veces que de tanto hacer lo que hacemos, se nos olvida por qué lo hacemos.

El emperador no sabía que había ordenado la eliminación de la razón de todo el esfuerzo. Los restos de la amada estaban escondidos bajo capas de escombros y tiempo. Aquella a quien se quería honrar estaba siendo olvidada, sin embargo, todo siguió como si nada. La construcción se terminó, tal y como se planificó. Sólo que en el camino se perdieron la razón, la intención y la motivación original.

Parece increíble que algo así suceda. Sin embargo, sucede más de lo que imaginamos. A todos nos puede pasar. Puede que comencemos a construir un templo, y en el proceso olvidemos por qué. Podríamos levantar un monumento y olvidarnos del campeón a quien le quisimos erigir el monumento. Podríamos comprar una casa para la familia, y con todo lo que hay que hacer para mantenerla, olvidar la familia para quien se compró la casa. Podríamos estar casados durante años, y olvidarnos de por qué caminamos juntos. Por eso es importante recordar constantemente por qué hacemos lo que hacemos.

Tiempo para definirse: preguntas de rigor

Como a Pedro, a veces se nos olvida por qué y cómo llegamos a la orilla. Se nos olvida por qué negamos todo lo que un día nos hizo vivir tan enamorados de la vida. Se nos escapa que la única razón por la que hemos podido caminar sobre las aguas es porque fuimos invitados por Dios, en amor, a caminar una vida extraordinaria. Fue su amor lo que hizo que todos podamos vivir más allá de lo que habíamos imaginado.

Una de las mejores reacciones que podemos tener al encontrarnos así, es regresar al lugar donde recordemos la razón que nos hizo apasionarnos por primera vez. Tenemos que recordar, constantemente, cómo hemos llegado aquí, para qué, y por qué dejamos todo por seguir la pasión que nos conquistó el primer día.

El segundo encuentro de Pedro con Jesús no fue un accidente, ni una casualidad. Fue una muestra más del incesante e inquebrantable amor del Padre. Esta visita era una oportunidad divina para ver, recordar y volver a apasionarse con aquello que un día le brindó a Pedro las razones abundantes para vivir una vida más allá de la orilla.

Jesús se acercó. ¡Qué impresionante que a Dios le interesa acercarse a nosotros en los días cuando sentimos que hemos decepcionado a tantos! Dios desea renovar nuestra fe y nuestra pasión.

Allí estaba Pedro, tratando de pescar nuevamente. Después de tantos intentos y desaciertos, se daba por vencido. En esta ocasión, como la primera vez, fue sorprendido con la gracia de Dios y la misericordia del cielo.

"Al despuntar el alba Jesús se hizo presente en la orilla, pero los discípulos no se dieron cuenta de que era él. Muchachos, ¿no tienen algo de comer? —les preguntó Jesús. —No —respondieron ellos. Tiren la red a la derecha de la barca, y pescarán algo. Así lo hicieron, y era tal la cantidad de pescados que ya no podían sacar la red. ¡Es el Señor! —dijo a Pedro el discípulo a quien Jesús amaba. Tan pronto como Simón Pedro le oyó decir: «Es el Señor», se puso la ropa, pues estaba semidesnudo, y se tiró al agua. Los otros discípulos lo siguieron en la barca, arrastrando la red llena de pescados, pues estaban a escasos cien metros de la orilla".

—Juan 21 4-8

Estaban todos juntos allí en la barca, sin saber qué pasaría. Entre ellos se encontraban Juan, Natanael, Tomás y Pedro, tratando de encontrarle sentido a todo lo que vivían. Nunca imaginaron que sería así. Jesús se les acercó, no sólo para recordarles que todo lo que habían vivido no era en vano, sino para afirmarles que todavía había más.

Aunque todos necesitaban ese encuentro, nadie más que Pedro. ¿Qué se hace luego de haber decepcionado a Aquel que creyó en ti cuando no tenías posibilidad de un futuro mejor? ¿Cómo se puede creer en uno mismo después de haber negado todo lo que uno ha creído? Jesús estaba a punto de darle a su discípulo una de las lecciones más memorables.

Pedro necesitaba arreglar cuentas, borrar el pasado y comenzar de nuevo. Por eso, cuando escuchó que era el Señor, no pudo contenerse. Por primera vez en tanto tiempo, su corazón volvió a latir con intensidad. Su momento había llegado. La hora estaba cerca.

¡Cuánto anhelaba verse con Jesús cara a cara para decirle lo arrepentido que estaba! Deseaba confesarle: "Tenías razón, nunca pensé que podía ser capaz de algo así. Tú me conoces bien, aún más de lo que yo me conozco a mí mismo". El discípulo sabía que era necesaria una plática con Jesús. Su corazón ya no aguantaba más. Seguramente ya Jesús lo había descalificado, pero eso no importaba. Él necesitaba darle fin a ese capítulo de su vida; a esa decepción que no le permitía continuar viviendo, ni siquiera una vida común.

Era como si su corazón gritara: "Si alguna vez me veo con él nuevamente, no le pediré que me regrese a ser pescador de hombres. Ya no soy digno. Sólo quisiera que me permita decirle cuánto lo siento. Nunca imaginé que se me fuera a olvidar todo lo que hizo por mí. Nunca imaginé de lo que yo era capaz".

Sin embargo, Jesús estaba a punto de sorprender a Pedro, así como quiere sorprenderte a ti hoy.

"Al desembarcar, vieron unas brasas con un pescado encima, y un pan. Traigan algunos de los pescados que acaban de sacar —les dijo Jesús. Vengan a desayunar — les dijo Jesús.

Cuando terminaron de desayunar, Jesús le preguntó a Simón Pedro:

—Simón, hijo de Juan, ¿me amas más que éstos?

—Sí, Señor, tú sabes que te quiero —contestó Pedro.

—Apacienta mis corderos —le dijo Jesús.

Y volvió a preguntarle:

—Simón, hijo de Juan, ¿me amas? —Sí, Señor, tú sabes que te quiero.

—Cuida de mis ovejas.

Por tercera vez, Jesús le preguntó: —Simón, hijo de Juan, ¿me amas?

A Pedro le dolió que por tercera vez Jesús le hubiera preguntado: «¿Me amas?»

Así que le dijo —Señor, tú lo sabes todo; tú sabes que te quiero.

—Apacienta mis ovejas —le dijo Jesús—. De veras te aseguro que cuando eras más joven te vestías tú mismo e ibas a donde querías; pero cuando seas viejo, extenderás las manos y otro te vestirá y te llevará a donde no quieras ir. Esto dijo Jesús para dar a entender la clase de muerte con que Pedro glorificaría a Dios. Después de eso añadió: ¡Sígueme!

—JUAN 21: 9-19

Comer juntos es un símbolo de intimidad y transparencia. Es un espacio donde podemos abrir el corazón. Es un momento donde tenemos muchas conversaciones claves y necesarias con nuestras familias y relacionados. En una mesa, no sólo se alimenta el cuerpo, sino también el corazón. Justo cuando terminaban de desayunar, Jesús preguntó. La intención de esta visita estaba a punto de revelarse. Pedro no lo esperaba, pero las preguntas de rigor estaban a punto de comenzar. Llegó el momento de escuchar las preguntas que le ayudarían a definirse y dirigir sus pasos.

"Simón, ¿me amas?"

—JUAN 21:15

Me imagino que luego de intentar aclarar su garganta, Pedro lo miró con cara de: "¿Cómo preguntas eso, Señor? ¿Aquí delante de éstos? ¿Con todo lo que ha pasado entre nosotros?" Ése es el tipo de preguntas que no debemos evadir. Justo las que nos ayudarán a salir de nuestra condición. Algunas de ellas nos harán sentir incómodos, pero son necesarias para renovar nuestra fe el día de la aflicción. También nos permiten definirnos. Necesitamos atrevernos a hacernos las preguntas difíciles y determinantes, aunque nos hagan sentir un poco incómodos.

"…y conocerán la verdad, y la verdad los hará libres".

—JUAN 8:32

Jesús estaba determinado. Había fijado su norte y no andaría con rodeos. Deseaba crear un ambiente donde Pedro pudiera definirse; darle una experiencia donde conociera la realidad de su corazón. Sólo allí Pedro podría hallar libertad de esa fatiga que su alma experimentaba. Es como si con cada pregunta, Jesús dijera: "Es el momento de conocer dónde estás parado. Aquí puedes definir tu corazón y madurar tu pasión".

Pedro pareció contestar la primera pregunta sin mucho problema. Jesús, sin avisar, preguntó: "¿Me amas?" Él contestó: "Sí, Señor, tú sabes que te quiero". Jesús tuvo que haberse quedado pensando: "Pedro, ¿escuchaste bien? Eso no fue lo que te pregunté". Jesús, insistiendo nuevamente, pregunta: "Simón, ¿me amas?" Esta segunda vez tuvo que traer un elemento de incomodidad a Pedro.

"Aprenderemos de nosotros mismos tanto de las preguntas que nos hacemos, como de las respuestas que damos".

—JOHN L. MASON,
AN ENEMY CALLED AVERAGE
(UN ENEMIGO LLAMADO PROMEDIO)

En una ocasión hablaba con alguien que intentaba buscar alternativas a una situación que enfrentaba. Mientras le hablaba, me preguntó: "¿Por qué a mí siempre me pasan todas las cosas malas?" Yo lo miré y le dije: "¿Sabes? La pregunta que acabas de hacer no te ayudará en nada, pues está cargada con varias premisas falsas y, sobre todo, dañinas.

"Primero, estás diciendo que siempre las cosas que te suceden son malas. Tú y yo sabemos que eso no es cierto. Segundo, está implícito en la pregunta que tal vez eres la única persona en el mundo que tiene experiencias negativas. Sabemos que eso tampoco es cierto. Tercero, con esta pregunta infieres que si todo te sale mal, para qué buscar una alternativa o salida a tu situación, si total, todo te sale mal".

La persona me miró con sorpresa, como si le hubiera quitado

las vendas de sus ojos. Me dijo: "¡Nunca había pensado en eso!"
Le respondí: "Tal vez por eso no habías podido encontrar salida a
lo que vives. Tu pregunta te dirigía a una mentira que limitaba tu
dirección, en lugar de anclar tu mente a una verdad".

Una pregunta correcta nos lleva a una respuesta precisa, que a
su vez nos ofrece una dirección correcta, acertada y necesaria.

Cuando vuelvo a pensar en la pregunta que le hizo Jesús a
Pedro, me imagino esa segunda contestación de Pedro, algo
dudosa y entrecortada. No entendía la razón para que le repitieran
la misma pregunta. Tuvo que haber pensado: "Pensé que ya deja-
rías el tema. Basta Jesús, me avergüenza seguir hablando de este
asunto". A Pedro se le olvidó que Dios está profundamente interesado en sacarnos de esos estanques de sequedad, frustración y pasividad. Por eso insiste. No hay manera de salir si no somos capaces
de enfrentar nuestra condición.

Finalmente, Pedro vuelve a contestar: "Sí, Señor, tú sabes que
te quiero". "¿Querer?", preguntarás. Jesús le preguntó si lo amaba.
Él contestó que lo quería. Aunque en español vemos cómo Pedro
contesta "amar", muchos estudiosos coinciden en que la palabra
en el original se describe mejor en español como "quiero". Todos
sabemos que hay una gran diferencia entre amar y querer. Si no me
crees, la próxima vez que tu esposo o esposa te diga "te amo", con-
téstale con un "te quiero". Solamente con la mirada cruzada que te
den, sabrás que hay una gran diferencia.

Para querer se necesita un deseo. Para amar se requiere voluntad.
Querer es un impulso que busca ser satisfecho. El amor requiere
una decisión. El querer no requiere un lazo firme. El que ama se
compromete y permanece. El que quiere no tiene por qué asumir
responsabilidad. El que dice amar busca entregar.

Para poder tomar decisiones que le den un giro a nuestra condición, debemos ser capaces de definir lo que creemos, y definirnos
a nosotros mismos. Muchos matrimonios dicen que su amor se ha
apagado, pero en realidad es que han renunciado a su capacidad
de comprometerse como lo hicieron un día. Si lo hicieran nuevamente, verían resultados diferentes. Se les olvidó el compromiso

que les llevó hasta allí. Se les nubló la pasión, al no ser capaces de mantener vivo en su mente el recuerdo de todo lo que les une. Cuando se nos olvida qué es lo que nos une, se debilitan la entrega, la pasión y el compromiso.

Jesús sabe esto. Por esta razón es que para ser renovados en nuestra fe y pasión, tenemos que distinguir entre estas dos: querer o amar. Para salir de nuestra vida común y rutinaria, debemos decidir. ¿Amaremos o simplemente nos conformaremos con querer?

Muchos quieren alcanzar muchas metas, pero sólo aquel que ama su causa con intensidad, será capaz de comprometerse para ir en pos de lo que persigue. Eso es pasión. Es un amor tan profundo y comprometido, que está dispuesto a sufrir lo que sea necesario con el fin de ver cumplirse la causa. Es la entrega incondicional con una conducta desmedida. Es la fuerza que cautiva y captura esa causa que conquistó el corazón.

El poder de la pasión

En el original, *pasión* viene de la palabra *pathos* que significa "enfermedad y locura". Los apasionados están dispuestos a dar y entregar más de lo que parece humanamente posible, sólo porque han sido contagiados con esta enfermedad de amor. Para ellos, ningún obstáculo o adversidad es capaz de detener su entrega y compromiso hasta que por fin pueden ver lo que tanto anhela su corazón.

La pasión es lo que te impulsa a entregar todo lo que sea necesario, con el fin de ver cumplida la meta. Lo que nutre nuestra pasión es el amor. Lo que hemos decidido amar definirá nuestras motivaciones. En otras palabras, tu amor define lo que crees. Lo que crees o tu fe define tu pasión, y lo que te apasiona define tus prioridades, entrega, compromiso y disposición de corazón. Lo que tú amas define lo que persigues, que a su vez define tus prioridades. No puedes decir que amas algo que no aparece en tu lista de prioridades. Si no aparece en tu lista, nunca hallarás razón para amarlo.

Es el tipo de pasión que consumía a Pablo, cuando dijo:

"Yo mismo tengo motivos para tal confianza. Si cualquier otro cree tener motivos para confiar en esfuerzos humanos, yo más… Sin embargo, todo aquello que para mí era ganancia, ahora lo considero pérdida por causa de Cristo…a fin de ganar a Cristo y encontrarme unido a él".

—Filipenses 3:4-9

He conocido a muchas personas que piensan que seguir a Jesús es una cuestión de querer. No, para nada. Nosotros no podemos pasar la vida queriendo seguirle, y estar paralizados en el mismo lugar. Para seguir a Jesús, debemos amarle. Hay que estar dispuestos a rendir nuestra voluntad.

"…y el que no toma su cruz y me sigue no es digno de mí".

—Mateo 10:38

Jesús buscaba, no sólo renovar el compromiso de Pedro, sino también renovar en él la misma pasión que le hizo dejarlo todo atrás con el fin de ver una vida superior. Con la pregunta, Jesús no sólo buscaba una reacción momentánea, sino que Pedro evaluara y afinara su verdadera intención y motivación. Jesús le hacía la pregunta necesaria para llevarle al punto decisivo y definitivo: "Simón, ¿me amas?"

Jesús lo mira fijamente a los ojos con dulzura, dándose cuenta de que el discípulo necesitaba ir un poco más profundo. Ya no podía quedarse vacilando en la orilla. Éste era el tiempo de evaluar su corazón sinceramente y contestar con honestidad, aún cuando esa contestación no diera una buena impresión. Muchas veces respondemos lo que pensamos que otros quieren escuchar, y evadimos contestar lo que necesitamos responder.

Jesús pudo haber hecho otras preguntas que pudieran parecer más profundas e intelectuales para nosotros. Me vienen varias a la mente que pudieron haberse hecho en ese encuentro:

1. "¿Te das cuenta ahora el por qué de mis advertencias cuando te pedí que velaras y oraras?"

2. "Pedro, ¿vas a abandonar la confianza en ti mismo y a prestar atención a mis advertencias?"

3. "¿Crees ahora en mis doctrinas? ¿Confías ahora en aquel a quien negaste el otro día?"

4. "Pedro, ¿estás arrepentido de lo que hiciste? ¿Sabes el daño que has hecho?

5. "¿Crees en todo lo que yo digo? Aún después de todo esto, ¿me confesarías como el Hijo del Dios Altísimo?"

Si hubiera sido una de esas madres latinas regañonas que algunos tuvieron en su niñez, probablemente hubiera tomado ese preciado tiempo en la orilla para exigirle respuestas a la pregunta que ella hacía en sílabas. "¿No te di-je, que es-to po-día pa-sar?" ¡Qué bueno que Jesús sabe amarnos como necesitamos ser amados!

Jesús no le hizo esas preguntas. No recriminó, ni lo acusó. Sólo levantó una interrogante: "Simón, hijo de Juan, ¿me amas?" Primero, es interesante que no le llamó por el nombre que Jesús le había dado: Pedro. Le llamó por su nombre original: Simón. Algunos creen que este nombre significa "desierto". Precisamente allí estaba su corazón. ¿Cuántas veces nos hemos visto regresando a las actitudes del pasado?

Con la mera mención de su pasado nombre, Jesús le dejaba saber dónde estaba. Pedro había regresado a su identidad pasada. Había abandonado el lugar y la nueva identidad que se le había entregado al llamársele Pedro. El hombre que había sido llamado Pedro, que significa "roca firme", estaba divagando por sus desiertos de inseguridad y fracasos.

Luego de haber sido dirigido por Jesús a una vida incomparable, había regresado a su primera condición de Simón. Jesús quería llamar su atención, usando este nombre. Quería decirle: "Has regresado al lugar que un día dejaste atrás. "¿Se te olvidó que yo te llamé Pedro, hombre de corazón firme?" Jesús, al hacerle esta pregunta, le decía: "En medio de tu condición, ¿todavía existe algún vínculo personal entre tú y yo? ¿Habrá algo que todavía te una a mí, a mi persona?"

"Simón, ¿me amas?" Recalcó que no le estaba preguntando si amaba los sermones que había dado...si se conmovía al pensar en las caminatas y conversaciones que tuvieron juntos los discípulos. Tampoco preguntó si le emocionaba la idea de hacer milagros. Nada de eso fue prioridad en ese momento. Lo importante fue regresar a la base de todo: el amor. ¿Qué es lo que te mueve? ¿Qué es lo que te apasiona? ¿Qué hace que tu vida despierte con propósito cada mañana? Le estaba recordando una verdad que no podemos dejar pasar.

Jesús le decía: "Si logras conectarte con mi amor en vez de estar fijado a tu debilidad, muchas cosas renacerán en ti".

Si aprendes a poner tus ojos en aquello que es capaz de cautivarte, tus circunstancias se hacen insignificantes al lado de esa gran pasión. ¡Si tan sólo pudiéramos volver una vez más al amor de Jesús!

El fundamento de todo se encuentra en el amor

Cuando logres preguntarte qué es lo que amas, lograrás encontrar dónde están tus prioridades. Hallarás qué es lo que te mueve y te apasiona. Al evaluar la condición de tu corazón, podrás ver qué es lo que atesoras en tu vida. Al fin, podrás traer ajustes necesarios a tus prioridades y cultivar una vida llena de pasión.

Ésa era la importancia de esta pregunta que aparentaba ser "tan simple". Aún cuando Pedro parecía darse por vencido, Jesús, por amor, no se daría por vencido. Él sabía que los mejores días de Pedro estaban por delante. Quedaban milagros por ver, gente qué tocar y lugares por alcanzar. Nosotros podemos renunciar a amarle, pero Él se resiste a renunciar a amarnos.

Jesús no se iba a dar por vencido. Al preguntar: "¿Me amas?", estaba enfatizando la necesidad de renovar en Pedro la conexión que lo había impulsado a dejarlo todo la primera vez. La pregunta le hizo recordar lo que la frustración le había hecho olvidar: toda la belleza que encontró en Jesús el primer día. El mismo Dios que fue a visitarlo un día, justo cuando todo parecía perdido, era el mismo que podría levantarlo una vez más. Nunca había tenido que depender de su amor tanto como en este momento. Allí, en su desesperación, recordaba el amor que Jesús tuvo primero por él. Aquel que lo hizo una vez, lo podría hacer otra vez.

Cuando Pedro escuchó ese último "¿Me amas?", no pudo resistir y se entristeció. Sabía que no podía contestar. Vio el retrato de su corazón y la radiografía de su interior. Su pasión se había agotado. Su entrega se encontraba debilitada. Su fe necesitaba una urgente intervención.

Muchos sienten que su pasión se ha ido, pero en realidad han relocalizado su pasión de un lugar a otro. Han modificado sus prioridades. Por ende, su pasión sufre cambios. Muchos esperan sentirse apasionados o enamorados en la vida sin entender que, para llegar a ese estado, primero tienen que alimentar esa pasión con una inversión de amor.

Podemos recordar las veces que vimos al chico de la escuela totalmente impresionado con la chica del salón. Sabía que tenía que conquistarla, y para hacerlo invirtió tiempo en el receso hablando con ella. Le compró el detalle que a ella le gustaba. Poco a poco, ambos se vieron creciendo en esa pasión y amor que desearon tener. Todo ocurrió porque decidieron invertir, entregar y comprometerse hasta ver la meta: conocerse y crecer en amor.

Luego de varios años, esta pareja está unida, pero ha dejado de invertir tiempo para compartir y conocerse. Poco a poco, el vínculo de amor entre ellos empieza a debilitarse. Se preguntan qué deben hacer, y se les olvida que deben regresar a hacer lo mismo que hicieron la primera vez: invertir, entregar y comprometerse.

Tu respuesta define todo

Jesús se acerca a nuestras orillas de la vida para hacernos las preguntas necesarias que nos ayudarán a renovar nuestro corazón.

¿Qué harás en medio del día de la angustia para avivar tu pasión y tu entrega? Justo cuando Pedro había visto la realidad de su corazón, Jesús le lanza el reto inesperado. Precisamente cuando pensó que todo estaba perdido, Jesús le invita una vez más a una vida superior. La frase inolvidable quedó grabada en su corazón: "Apacienta mis ovejas". Después de eso, añadió: "Sígueme". Ésas son las palabras que hoy hacen eco en nuestro corazón. Es la voz de Dios que nos invita una vez más, diciendo: "Sígueme". Basta de estar siendo dirigido por la herida de ayer. Ya es tiempo de dejar de definirte por el fracaso y el tropiezo del pasado. Hoy es el día donde podemos dejar atrás la decepción y el cansancio del alma que han limitado nuestro caminar. Ahora es el momento para ver despertar tu corazón una vez más.

A raíz de este encuentro, Pedro fue invitado nuevamente a ser parte de una misión de vida que cambiaría, no sólo su vida, sino la de muchos por venir. El pescador de peces volvió a convertirse en pescador de hombres, todo por decidir enfrentar una pregunta difícil en el momento más necesario. Esa pregunta le hizo tomar las decisiones que cambiarían su vida, de un caminar de mera existencia a uno de gran trascendencia.

Pedro salió de ese encuentro con su corazón avivado, su pasión renovada y su enfoque restablecido. Dio un giro espectacular, cuando recordó que todo comenzó por amor a Aquel que le había amado.

De ser uno que estuvo dispuesto a rendirse en el camino, se convirtió en uno de los principales sucesores de Jesús. De haber negado a Jesús, estuvo dispuesto a morir por Jesús. Pedro, el hombre que pensó dejarlo todo, se convirtió en una pieza clave para Dios. Miles llegaron a la fe a través de sus enseñanzas, su ejemplo y su pasión. Éste es uno de los giros más dramáticos que he podido conocer en la vida de alguien. Ese cambio está disponible para ti hoy.

Tal vez te has visto en la orilla, en el mismo lugar a donde jamás pensaste regresar. Quizás el enemigo te ha engañado haciéndote creer que estás destinado a una vida superficial. Debemos recordarte lo siguiente:

Lo mismo que el enemigo trató de usar para zarandearte, Dios lo puede usar para promocionarte.

Si te encuentras hoy caminando en la arena, lejos del lugar que Dios tiene para ti, recuerda que Dios se acerca a ti y te pregunta: "¿Qué te mueve? ¿Qué te tiene aquí en la orilla? ¿Qué te limita? ¿Sabes que no estás destinado para la orilla? ¿Quién te dijo que tu vida tiene que ser una común y corriente? ¿Estás dispuesto a ver un cambio trascendental en tu vida?"

¿Deseas una vida de existencia o de trascendencia? Dios te contesta: Hoy la puedes tener. No te diseñé para tener una vida común, sino una excelente. ¿Lo puedes creer?

"Muchos quieren que las cosas cambien, algunos quieren que otros cambien, sólo pocos desean que el cambio comience con ellos".

—Autor desconocido

Para pensar y recordar:

1. ¿Te has visto últimamente en alguna orilla?

2. ¿Qué ha hecho que regreses allí?

3. ¿Habrá alguna experiencia extraordinaria que puedas estar perdiendo por persistir estar en la orilla?

4. ¿Qué puedes ver en tu caminar que te recuerde lo que impulsó tu corazón a tener fe por primera vez?

5. ¿Qué puedes hacer hoy para regresar a la vida que Dios ha diseñado para ti?

6. ¿Qué preguntas necesitas hacerte que te ayuden a identificar las áreas que necesitan ser re-enfocadas en tu vida?

Te invito a que hagamos esta oración:

Señor, he visto que me amas a tal grado que has estado dispuesto a visitarme aquí en mi orilla. Tú has venido a invitarme a caminar contigo una vez más. Mi Dios, enséñame a caminar contigo. Que nada limite la vida que has diseñado para mí. Hoy reconozco que nadie limita tu gran amor. Ven, aviva mi corazón, aviva mi amor.

capítulo 3

Regresa tu mirada al blanco

Creer cuando uno comienza a ver que Dios hará cosas nuevas
requiere fe común. Creerlo cuando el desgaste del tiempo te
ha visitado, ahí es que se requiere una fe extraordinaria.

NUNCA PENSÉ QUE regresaría aquí. No puedo precisar cuándo comenzó, pero era evidente que algo sucedía. Experimentaba una fatiga que no podía explicar.

El mundo entero vivía transiciones y no éramos la excepción. Era una temporada donde atravesábamos grandes desafíos personales y ministeriales. Todo esto provocaba muchas incertidumbres que debilitaban mi interior.

Enfrentarlas ahora era muy distinto. Ya no andaba sólo en la vida. Ahora era esposo, padre de familia, pastor y líder. Mi familia y muchos otros necesitaban respuestas para todo lo que vivíamos. No podía descifrar qué había pasado, pero me estaba fatigando. Seguía buscando el rostro de Dios en la intimidad, pero las exigencias de la vida aumentaban cada vez más.

Además, pasábamos por un tiempo difícil de injusticias y decepciones que no esperábamos. Como David, tenía que aprender que cada nuevo nivel traía nuevas exigencias y desafíos. Necesitaba hacer algo diferente; romper el ciclo de la rutina.

Algunos les llaman desiertos, crisis, pruebas. Otros les llaman valles. Sabía que algo iba a suceder. No sabía cuándo ni cómo. Sólo sabía que era una nueva temporada que me definiría.

Aunque experimentaba muchas cosas buenas que por mucho tiempo había soñado, sabía que faltaba algo. Sentí en mi interior que había una bendición más grande.

Una pregunta parecía permanecer en la mente. ¿Valdrá la pena todo el sacrificio que estamos haciendo? ¿Será necesario todo esto?

Mi familia trataba de ayudarme. Cada día, mi esposa, hijas y gente amada del equipo ministerial intentaban alentarme, y lo lograban. Sin embargo, sabía que ésta era una etapa muy personal entre Dios y yo.

Sin saberlo, me vi en la orilla nuevamente. Me sentía corriendo con falta de aliento, y las exigencias de la vida no ofrecían tregua. Sentía que no podía detenerme para renovar fuerzas. La vida no se detiene porque uno esté atravesando tiempos difíciles. Tenía que seguir dirigiendo la familia, pastoreando, ministrando y emprendiendo proyectos.

¿Cómo se recupera el aliento cuando la carrera de la vida continúa con tanta intensidad? Muchos estaban siendo bendecidos y disfrutaban de todo lo que estábamos haciendo. Sin embargo, yo seguía con mucha incertidumbre. En medio de ese tiempo, me vi levantándole los brazos a tantos necesitados y mi corazón se fatigaba. Recuerdo bien la noche que, luego de una ministración, mientras manejaba mi auto de regreso a casa, algo especial me ocurrió. Mi esposa y mis niñas se habían quedado dormidas, y en esa soledad aparente me vi abriendo mi corazón a Dios, con toda transparencia. "¿Qué hago, Dios? Siento que hay algo que se ha debilitado en mí, pero honestamente, no sé cuándo fue, y peor aún, no sé cómo recuperarme".

He aprendido a perseverar y a mantenerme firme. Aprendí a caminar, no sólo por lo que siento, sino por las convicciones que me han sostenido. Por eso, aunque muchas veces deseé rendirme, no lo hice, sino que me esforzaba y continuaba. Sabía qué era lo que debía hacer. Necesitaba ser renovado. Es que a veces de tanto hacer lo que hacemos, se nos olvida por qué lo hacemos.

A veces me confundía al ver a aquellos que nos habían traicionado, caminar como si nada. Luchaba entre querer ver justicia y mantener un corazón puro. Sabía que Dios vendría y que pronto contestaría. Mi alma anhelaba más y tenía la certeza de que era tiempo de caminar más allá de la vida común y corriente. Algo extraordinario Dios deseaba provocar en mí. Algo poderoso estaba a punto de manifestarse.

Justo a tiempo

Estaba de gira por los Estados Unidos junto a mi familia y unos amigos. Dios me había hablado al corazón que algo sucedería en esos días. En cada presentación veía que Dios continuaba haciendo grandes cosas. Al finalizar la noche, me pasaba lo mismo. Venía sobre mí un anhelo incesante por una vida superior.

Durante la gira, fuimos a una reunión que se llevaría a cabo para los líderes de una congregación amiga. No íbamos en planes de ministrar, sino sólo con el propósito de escuchar Palabra de Dios. Lo que sucedió allí determinó muchas cosas que pasarían en mi vida de ahí en adelante.

Recuerdo que cada palabra que hablaba el ministro invitado penetraba profundo en mi corazón y traía un bálsamo necesario. Eran más que palabras. Era Dios mismo dándole un nuevo aliento a mi corazón. Mi corazón estaba siendo despertado. Lágrimas comenzaban a deslizarse por mi rostro. Necesitaba responder a la invitación que Dios me hacía. "Sí, hay cosas superiores", escuchaba la voz de Dios hablar con ternura a mi corazón. "Esto no es todo. El deseo que sientes soy Yo que te invito a caminar por un camino más alto, a creer en lo imposible y a elevar tu mirada."

No había duda de que ése estaba siendo un momento decisivo en mi vida. Se estaban haciendo preguntas necesarias y sus respuestas estaban a punto de recibirse. Al finalizar la enseñanza, mi esposa y yo respondimos a la Palabra. No pudimos contener nuestras lágrimas.

Era como si nuevamente estuviéramos siendo enamorados y cautivados por Dios. Nos había visto en la orilla y decidió visitarnos, a pesar de nuestra condición. Sus palabras eran medicina a nuestro corazón cansado y herido. Muchas cosas le confesé a Dios esa noche. Entre ellas, como la primera vez, le dije: "Lo que quieras, cuando quieras, donde quieras y como quieras. Aquí estoy".

Cuando el servicio terminó, el ministro invitado nos llamó aparte. Dios le había inquietado a orar por nosotros. Dios había tomado en serio mi clamor. Esa oración se convirtió en un momento muy significativo. Dios comenzó a responder cada incertidumbre, pregunta y argumentos que se habían levantado en el camino. Dios enviaba su refrigerio, justo a tiempo.

Era evidente que Dios estaba determinado a hablarme. Las primeras palabras fueron evidencia de eso. El ministro, al comenzar, nos dijo: "Veo nieve bajando de los cielos. Escucho al Señor decir que estás en una temporada de invierno. Estás tratando de saber por qué las cosas no están sucediendo como antes. El Señor dice que no estás fuera de su voluntad. Estás en una temporada de invierno. Hijo, en ciento veinte días vendrá la primavera. Usa y aprovecha este tiempo para alimentarte y recibir una Palabra fresca".

Esta Palabra de Dios despertó mi corazón cuando más lo necesitaba. Salí de aquel lugar entendiendo que aunque todas las cosas no cambiarían de la noche a la mañana, los días de ese frío invierno estaban contados. Muchos no entendemos que es en el invierno donde las raíces se fortalecen y se afirman para poder dar fruto abundante en la primavera. El fruto comienza a gestarse en lo frío y secreto del invierno. Lo único que sucede en la primavera es que se hace evidente lo que se gestó en el invierno.

Si acaso se me olvida

Los días pasaron, pero aquel momento quedó grabado en mí. La experiencia había quedado marcada en mi corazón. Esa invitación a un camino excelente no dejaba que mi vida volviera a ser igual. Ya estaba de vuelta a casa y a mi vida cotidiana, pero estaba determinado a no permitir que la rutina robara lo que Dios había preparado para mí.

Luego de un día largo, ya listo para dormir, recordé la pregunta que mis hijas me habían hecho mientras desayunábamos: "Papi, ¿por qué los papás se divorcian?" Entonces pensé en una de las explicaciones que les di. "Hijas, algunos se divorcian porque se les olvida por qué se unieron la primera vez. Se olvidaron de las promesas que hicieron y el pacto que juraron. Permitieron que se les agotara su primer amor."

Por alguna razón, esa pregunta y la respuesta que les di estaban muy presentes en mi mente. No se referían solamente a las parejas que decidían renunciar a sus votos matrimoniales. La pregunta abarcaba mucho más. Escuchaba en mi corazón la pregunta que decía: "¿Por qué hay gente que se divorcia de su fe? ¿Por qué algunos le dan la espalda a toda la pasión que les movió un día?"

Podemos olvidar las razones que nos motivaron la primera vez que nos entregamos y rendimos en amor. Pensaba en aquellos que después de haber decidido vivir una vida apasionada y comprometida, decidieron rendirlo todo. Recordaba a aquellos que habían sido de ejemplo y motivación para muchos, sin embargo, un buen día decidieron dejar todo atrás. ¿Cómo había pasado? Ya no importaba el cómo. Supe my bien que ya los detalles no eran necesarios. Todos tenían un común denominador. Se habían divorciado de ese primer amor. Poco a poco descuidaron su conexión y comunión con Dios. Me di cuenta de que a todos nos puede pasar. Todos podemos olvidar; olvidar la razón que nos movió el primer día a dejarlo todo y seguir a Dios. Todos podemos perder el enfoque. Muchos podemos agotarnos y debilitarnos en el camino.

Esa noche corrí hacia Dios. Tomé mi guitarra y me determiné a encontrarme con Dios en aquel lugar secreto. Allí comencé a hablar con Dios francamente y sin pretensiones. Derramé mi corazón sin temor y sin reservas. Decidí conectarme con Dios nuevamente, con una frescura como si fuera la primera vez. Los primeros acordes sonaron y el clamor de mi corazón se hizo sentir. Lo único que pude decir fue lo que quedó grabado en las letras de esta canción.

SI ACASO SE ME OLVIDA

Si acaso se me olvida, si acaso se me escapa
Si acaso se me nubla la pasión en mi mirada.
Llévame al madero, al rincón de nuestro encuentro,
Llévame al lugar donde empezó nuestra amistad.
Llévame a la cruz
Sólo allí hay restauración,
Sólo en ti renuevo mi amor.
—Jacobo Ramos

Integrity Music Publishing © 2011

Esta oración hecha canción comenzó a despertar un clamor que se hacía tan necesario en mí. Tuve que confesarle: "Señor, necesito regresar a ti como si fuera la primera vez. Necesito enamorarme de ti una vez más. Ayúdame a recordar cómo fue que cautivaste mi corazón por primera vez. Renueva mi amor, mi entrega. Déjame vivir de tal manera, que sea digno de la invitación que me has hecho".

Sin saber por qué, no podía contener mis lágrimas. Ya se hacía tarde y sabía que debía irme a dormir. Al otro día tenía tantas cosas qué hacer, pero no podía detener lo que sucedía. Era el Espíritu Santo que venía por mí y ése sería un momento clave para mi vida: uno donde se definirían las prioridades y se alinearían las motivaciones del corazón. Ése era mi momento y no estaba dispuesto a dejarlo pasar. Lloré, derramé mi corazón y hablé con Dios hasta más no poder. Lo hice tanto como lo necesitaba. Lluvia de renuevo llegaba a mi corazón. Las cosas se hacían más claras que nunca. El enfoque de mi corazón estaba siendo afinado. El polvo del camino había nublado mi visión y era tiempo de que Dios me renovara.

Aquella noche fue el comienzo del renuevo de tantas cosas en mi corazón. Entendí que aún haciendo todo lo que te apasiona y amas, puedes perder el sentido de lo que estás haciendo. La guitarra se convirtió, no sólo en un instrumento, sino en una extensión de mi corazón; un medio para poder expresar el anhelo que había en mí.

"Venid a mí todos los que estáis trabajados y cargados, y yo os haré descansar".

—Mateo 11:28

Fue allí que pude entender claramente la otra pregunta que mi hija me hizo: "Papi, ¿y si se te olvida?" Esa pregunta retumbaba en mi interior. Cada vez se hacía más y más claro. A todos se nos puede olvidar, y sin planificarlo, podemos divorciarnos de aquellas cosas que un día abrazamos con toda intensidad. Es que no sólo los matrimonios se divorcian. Muchos se divorcian de la fe que un día les avivó. Otros se divorcian de las palabras que fueron declaradas sobre ellos. Algunos hasta se divorcian de los sueños que abrigaron en su corazón. Hay tantas cosas de las que podemos divorciarnos: de nuestro llamado, propósito, lugar, destino y de la vida renovada que hemos recibido.

Dios está restaurando los corazones de todos aquellos que, cansados y agotados, hemos visto nuestra fe debilitarse por los afanes, presiones, frustraciones y decepciones de la vida. Nuestro Padre habla a nuestro corazón, con la intención de regresarnos a nuestra fe, nuestra pasión, nuestra devoción y nuestra fidelidad.

> "Por eso yo, que estoy preso por la causa del Señor, les ruego que vivan de una manera digna del llamamiento que han recibido.
>
> —Efesios 4:1

Se cumplen los 120 días

El cumplimiento de los ciento veinte días se acercaba. Sería en la última semana de noviembre. Nos habían invitado a compartir durante el fin de semana de Acción de Gracias, en una iglesia amiga en Jarabacoa, República Dominicana. Las primeras noches vimos cosas extraordinarias de parte de Dios. Sin embargo, había una fatiga que no podía ignorar. Había esforzado tanto mi cuerpo para dejar todo en orden antes del viaje, que sentía que no respondía igual. Estaba muy agotado y el estrés que tenía acumulado no ayudaba. No podía recuperarme.

Los años me han enseñado el valor del descanso físico. Hace unos años, en medio de varios compromisos, mi cuerpo colapsó. Cuando fui a los médicos, hallaron una condición genética en mi sangre que hace que mis glóbulos rojos se deterioren mucho más rápido de lo normal.

Cuando vivo una situación físicamente demandante y no tomo el tiempo para recuperarme, mi cuerpo se debilita. Desde ese hallazgo, he aprendido a valorar mejor el descanso. He tenido que aprender a ser más intencionado y programado con mis tiempos de descanso, para poder recuperarme físicamente.

Sin embargo, en esta ocasión, noté que ese cansancio no era solamente un cansancio físico, sino del alma. Sabía que Dios me pedía que empezara a poner orden en algunas áreas de mi vida. A veces pensamos ser tan indispensables que nos extralimitamos física, mental y emocionalmente.

Ese rincón en Jarabacoa, donde nos hospedamos, ya era un lugar muy conocido para nosotros por los pasados diez años. Rodeado de ríos, montañas y una vista espectacular, logra traer un sentido de paz y quietud. Regresar allí en esta etapa de mi vida era una cita divina. Dios deseaba recordarme muchas cosas.

La última noche de las conferencias, al regresar a casa de nuestros amados amigos, Popín y Anabel, pasamos por el lugar donde nos hospedamos mi esposa y yo la primera vez que visitamos este pueblo. Esta vez, regresábamos acompañados de nuestras hijas. Muchas cosas habían cambiando, pero Dios quería recordarme aquello que le había dado un giro a mi vida la primera vez que estuve allí.

Cuando llegué a nuestra habitación, no podía dormir. Pensaba en todo lo que había sucedido hacía una década en aquella habitación de hotel. Lo recuerdo como si fuera hoy mismo. Era el año 1998, cuando Raquel y yo visitamos por primera vez a Jarabacoa en un viaje misionero. Teníamos menos de un año de casados y recién nos habíamos graduado de la universidad. Mi esposa acababa de obtener su grado en Educación y yo laboraba como microbiólogo en un laboratorio cerca de mi ciudad. Eran muchos los sueños que teníamos por delante.

En esos días, se había despertado un anhelo intenso en nosotros por ver la voluntad de Dios cumplirse en nuestras vidas. Al llegar a la habitación esa última noche del viaje, le compartí a mi esposa que anhelaba más de Dios. Sabía que Dios tenía un llamado para nosotros y yo estaba dispuesto a hacer lo que fuera para que se cumpliera en nuestras vidas, aunque eso significara dejar la profesión que había estudiado.

Al hablar, no pude contener la ternura que llegó a nosotros de parte de Dios, y el fuego que se encendió muy adentro. Me encontré llorando en su presencia, y le dije a Dios: "Cuando quieras, como quieras, lo que quieras y donde quieras. Aquí estamos". Pasamos un largo tiempo siendo renovados en aquel rincón. No pudimos precisar cuánto tiempo estuvimos allí. Pudo haber pasado más de una hora, pero lo importante fue que lo que sucedió allí marcó nuestras vidas por el resto de nuestros días.

Mientras todo esto ocurría, sentí un fuerte dolor cerca de mi estómago. Sutilmente, la voz de Dios nos murmuró al oído: "Ése es el dolor de aquellos que están lejos de mi casa. Es el dolor que está en mi corazón". La hora nos estaba llegando. Dios nos permitía experimentar su dolor.

Fue allí que la invitación llegó. Escuchamos el susurro de Dios diciéndonos: "Jacobo y Raquel, cuento con ustedes". Esa noche supimos que nuestra vida saldría de la orilla y caminaríamos en pos de las profundidades. Regresaríamos a Puerto Rico, pero no de la misma manera que habíamos salido. Dios había despertado una pasión por aquellos que están lejos de la casa del Padre.

Cuando Dios logra conectarnos con su pasión, con lo que Él ama, tu vida no puede ser igual. En el momento que Dios te lleva a identificarte con el clamor y el dolor de otros, no volvemos a ser los mismos. Aquella noche, se encendió una pasión que nos haría caminar, decidir y vivir de forma diferente. Un encuentro con el amor de Dios fue suficiente. Un año después de este tiempo poderoso, recibimos la invitación para ser parte, a tiempo completo, del cuerpo ministerial de nuestra congregación local. Renuncié a mi profesión de microbiólogo y fuimos en pos de la vocación que Dios había puesto en nuestro corazón.

Una década después, nos veíamos de nuevo en aquel rincón de la tierra donde tuvimos esta trascendental experiencia. Muchas cosas habían cambiado, pero Dios sabía que seguíamos siendo los mismos. Estábamos tan necesitados de un encuentro genuino con su amor. Esa noche en Jarabacoa, Dios me hizo reconsiderar muchas cosas. Diez años de intenso trabajo habían provocado un desgaste en nosotros y necesitaba tomar acción urgentemente. Algunas cosas se habían convertido en una carga cuando nunca debieron serlo. Éste era el tiempo de tomar decisiones. El peso de lo que sucedía estaba haciéndose claro en mi corazón.

Recordé una conversación que había tenido con alguien a quien admiro, y quien después de muchos años de entrega y pasión, sufrió un colapso moral y ministerial. Le pregunté por qué se había debilitado su fe. Fue clara su respuesta: "Poco a poco dejé que las cosas me alejaran del lugar donde Dios me había llamado a estar. Cuando eso sucede, muchas cosas se confunden".

Esa noche le dije al Señor: "Yo no seré de aquellos que empiezan con mucha pasión y en el camino se debilitan, se desgastan y se desvían". Allí sin mucho hablar, entendí lo que no había podido entender. Sabía que teníamos que tomar decisiones importantes. Decidimos tomar un receso ministerial para evaluar nuestro caminar. Era tiempo de hacer un detente y volver a fortalecer la pasión que había impulsado nuestras vidas. Era la hora de definir qué movería nuestro corazón de aquí en adelante. Aprovecharíamos esos días para renovar nuestro enfoque y organizar nuestras prioridades. Así fue.

Una de las cosas más interesantes de este viaje fue ver el cumplimiento de los ciento veinte días que Dios nos había hablado. El invierno terminó cuando nos vimos retirados de todo el desenfreno de nuestra rutina.

De regreso a casa nos reunimos con aquellos más cercanos a nuestra familia y ministerio. Les contamos lo que habíamos decidido hacer. Les explicamos que serían días de intensa búsqueda y renuevo. No teníamos tiempo preciso. Estaríamos aquí hasta que Dios nos hablara. Lo que sí sabíamos es que teníamos un genuino compromiso de obediencia. Lo que Dios nos dijera, eso íbamos a hacer.

Recuerdo que al comenzar el nuevo año, Raquel y yo decidimos buscar juntos el rostro de Dios. En la presencia de Dios, nos vimos clamando por Él como si nuestra vida dependiera de ese clamor. Dios no se hizo esperar. Al finalizar esa jornada, Dios habló claro y me dirigió hacia lo que haría de ese momento en adelante. Renovó nuestras prioridades. Una dirección clara y un enfoque inequívoco comenzaron a llegar.

A medida que crecen las exigencias y las adversidades de la vida, también debe crecer la búsqueda del rostro de Dios y nuestra dependencia en Él. La fuerza que traen los vientos de las obligaciones de la vida nos pueden hacer olvidar y perder nuestro norte.

Conectados para vivir

Esa pausa fue más necesaria de lo que imaginaba. No me había percatado de cuán ruidosa se había convertido mi vida. Con razón me costaba escuchar la voz de Dios. Tan pronto me detuve, pude percibir su voz en el silencio. Me había acostumbrado tanto al ruido de las exigencias, el afán y la ansiedad que necesitaba volver a encontrarme con Él, en el silencio. Rápidamente empecé a recibir lecciones valiosas.

Aprendí que no importa cuán intenso sea el maratón de la vida, siempre hay que detenerse para recuperar fuerzas y dirección. La vida no se detendrá. Al ver que la vida sigue adelante y nadie se detiene, comienzas a experimentar confusión. No te preocupes; detenerse es necesario y mandatorio.

Una de las lecciones más importantes parecía ser la más sencilla. Allí en el silencio, escuché la voz de Dios que me hizo entender un principio básico, pero imprescindible: el valor de las conexiones de la vida. Todos necesitamos estar conectados para vivir. Nosotros nacemos con el incesante deseo de estar conectados a Dios, a nosotros mismos y a otros. Por eso, el relato de la creación nos muestra que cuando Dios crea a Adán y lo ve solo, declara lo siguiente:

"Luego Dios el Señor dijo: «No es bueno que el hombre esté solo. Voy a hacerle una ayuda adecuada".

—Génesis 2:18

Dios ve a toda la creación y dice que es buena. Sin embargo, encuentra al hombre solo y dice que no es bueno que el hombre esté solo. Dios puso en el interior del hombre un deseo intenso por acercarse a su creador y relacionarse con Él y su creación. Al crearnos, Dios puso en nosotros la necesidad de conectarnos en intimidad y trasparencia con Él, primeramente, como Padre. Ésta es la razón por la que el hombre, desde la antigüedad, ha anhelado adorar a Dios. Hay un gen en nosotros. Es el gen de Dios, la firma del Altísimo. Desde entonces, procuramos correr hacia Él.

Además, Dios al crearnos pretendía que tuviéramos libertad para amar, relacionarnos, servirnos y convivir unos con otros. El hombre en el Edén disfrutaba de esa conexión directa. Sin embargo, desde que el hombre abrigó el pecado, estableció una separación entre Dios y él. Esto no sólo afectó nuestra relación con Dios, sino con nosotros mismos y otros. Entonces el Padre planificó la manera de resolver esta separación, a través de su hijo Jesús.

No se puede amar sin conectarnos con Él primero. Hay que conocerle a Él primero para poder tener una percepción sana de nosotros mismos, y entonces relacionarnos con otros. No podremos encontrar el renuevo de nuestra vida sin estar conectados a Dios. De Él emana todo. Muchos conocen toda la mecánica de la religión de arriba a abajo, pero están desconectados de la fuente que brota pasión, fe y paz. No se trata de estar conectados a una religión, sino conectados al Padre de los cielos, dador de la vida abundante.

Jesús es el medio para renovar esta conexión. El sacrificio en la cruz es la herramienta para reconectar esta relación quebrada. Hay un poder que Dios nos otorga a través de su hijo Jesucristo, para cultivar, cuidar y renovar las conexiones más valiosas en esta vida.

Muchos buscamos toda la vida a qué conectarnos, sin darnos cuenta de que muchas de las conexiones en nuestra vida nos gritan que necesitamos restaurar nuestra conexión y relación primordial: nuestra relación con Dios. La fatiga de la vida, la soledad que experimentamos y los sinsabores son evidencias de cuán debilitada está nuestra relación con Dios.

El poder de las conexiones

En una Navidad, hace unos años, me regalaron algo que me ayudó a ver el poder de las conexiones en la perspectiva correcta. Fue el aparato electrónico que revolucionó la tecnología: el "iPod Touch". Reconozco que cuando lo vi, me puse como un niño con juguete nuevo. Me sentí emocionado y rápidamente comencé a pensar en las cosas que podría hacer con esta maravilla portátil.

Cuando lo abrí, me percaté de que los diseñadores habían puesto en este aparato muchas capacidades básicas que venían de fábrica. Sin embargo, para poder disfrutar de la mayoría de las funciones, capacidades y posibilidades de este instrumento, es necesario conectarlo a alguna fuente de la red inalámbrica de la Internet. Me di cuenta de que, aunque tenía el potencial de llevar a cabo algunas funciones básicas con este Ipod, me perdía sus mejores virtudes si no estaba conectado a la red inalámbrica.

Llegué a la conclusión de que nuestra vida es así. Fuimos creados con muchas capacidades. Dios, como creador y diseñador de nuestra vida, depositó en nosotros un potencial increíble. Sólo existe un detalle. Para que todo eso pueda ser activado a su máximo potencial, necesitamos estar conectados a la red poderosa e ilimitada de nuestro Dios.

Algo que aprendí en esta etapa de mi vida fue a valorar el poder de las conexiones que Dios proveyó para mí. Era evidente que Dios me estaba invitando a renovar mis conexiones: mi conexión con Él, con mi corazón, con mi familia y con otros. Estas conexiones son sumamente importantes en la vida de todos. Comparto contigo las lecciones que aprendí:

1. Mantente conectado con Dios. Tu conexión con Dios te dará un sano sentido de quién es Él, quién eres tú y para qué estás aquí. Tu identidad, propósito y destino están directamente ligados a esta conexión. Cuando esta conexión se debilita, se ve afectado nuestro sentido de identidad, valor propio, propósito y dirección. Cuando vives conectado a

Dios, aprendes a amarte a ti mismo de una manera saludable. Esta conexión te mostrará cómo puedes ser amado incondicionalmente, a pesar de tus defectos y limitaciones. Te impulsará a amar a otros como te amas a ti mismo. Recibes gracia para poder estar en paz con otros. Recibes un claro sentido de Dios, de ti mismo y de otros.

2. Conéctate saludablemente contigo mismo. Aquel que tiene un claro entendimiento de su herencia espiritual, tiene un mejor entendimiento de su rol, su función y propósito en esta vida. Vivirá en paz, pues ha llegado a un entendimiento pleno de amor consigo mismo. Puede mirarse con una visión balanceada. Conoce sus capacidades y sus limitaciones, pero sabe que no es definido por eso. Reconoce que lo que le define es el hecho de que es un hijo de Dios, amado, perdonado y aceptado.

3. Valora y cuida tu conexión con tu familia. Tu conexión con tu familia te permitirá tener un lugar donde seas amado tal y como eres. Allí aprenderás a poder amar a otros a pesar de sus faltas. Eres hijo, hija, hermano, madre o padre. Eres parte de la familia y eso es suficiente. La intención de esta conexión es traer seguridad, balance y sentido a tu vida y a muchos de los esfuerzos que hacemos. Aquí sentirás un ardiente sentido de pertenencia que te llevará a impulsarte a dejar un legado.

Recuerdo una lección que aprendí y que nunca he podido olvidar. Recién habíamos lanzado nuestro primer disco e hicimos un concierto masivo, lleno a capacidad, que fue todo un éxito. Cuando regresamos a la casa, mi esposa me pidió que atendiera a nuestra hija pequeña, mientras ella atendía a la mayor. Cuando la tomé en mis brazos, me di cuenta de que había que cambiarle el pañal. Mientras hacía lo propio, mis manos envueltas en ya ustedes saben, tuve que reírme. Me dije a mí mismo: "Hace unas horas estabas en la tarima frente a miles de personas y horas después estás cambiando los pañales sucios". El momento provocó un susurro en mi corazón de parte de Dios, que me decía: "Jacobo, esto me agrada más que todo lo que puedas hacer en una tarima. En un concierto puedes compartir y bendecir a aquellos que van a los conciertos, pero aquí marcas la vida de aquellos que son tu mayor responsabilidad". Dios añadía: "¿Cómo puedes estar conectado con la necesidad de otros si no estás conectado a la necesidad de tu familia?" Mientras terminaba con aquel reguero, me sonreí y dije: "Lección aprendida".

La familia es el círculo en el cual uno puede ser visto tal y como uno es, sin pretensiones. Conocen nuestras virtudes y defectos. En tu círculo familiar, recibirás la dosis necesaria para mantener el balance en tu vida. Con ellos aprendemos a identificar quiénes somos y para qué luchamos. Cuando nos apartamos de nuestra familia, poco a poco comenzamos a perder nuestro rumbo.

Todos vamos a vivir días de valles y desesperación; también, días de victorias y logros que sobrepasarán nuestras expectativas. Esta valiosa conexión nos ayudará a entender que no importa lo que pase, si hemos mantenido viva esta conexión, hay un lugar a donde yo puedo regresar a ser amado, renovado y vivir descansado.

4. Atesora la conexión con aquellos que están cerca. La conexión con la comunidad te permite tener un ambiente donde puedes poner por obra lo que Dios

te ha dado para bendecir a otros. Cuando ejerces
este servicio, se aviva tu corazón. Existen varios
tipos de comunidades: las comunidades físicas o
residenciales, las comunidades de fe y las comunidades profesionales, entre otras. En cada una de
ellas, crecerás mientras disfrutas de un vínculo que
te permite ejercer tus dones y capacidades, mar-
cando las vidas de otros. En el proceso, tu vida se
enriquece. Tu servicio les añade valor a otros, y a
su vez, la experiencia enriquece tu vida y tu familia.
En estas comunidades, tu servicio cobra un mayor
sentido porque lo ofreces de manera voluntaria y
desprendida.

Si evaluaras tu vida, podrías ver que todo lo que haces está
directamente ligado a tus prioridades. Tal vez dices que tu salud
espiritual es prioridad, sin embargo, si todo lo que haces dice lo
contrario, es tiempo de re-evaluar tus acciones. Puedes pensar que
tu familia es tu prioridad, pero si todo lo que haces te aleja de tu
familia, no hay manera de que tu familia sobreviva. El padre de
familia que desea conectarse a sus hijos invierte tiempo, recursos
y esfuerzo en esa conexión. Es más, el hombre que se conecta consigo mismo, invierte tiempo para buscar de Dios, aprender, cuidar
su salud, y relacionarse con gente que le ayude a mantener una vida
emocional saludable.

Evalúa hoy la gente, los lugares y las conversaciones que tienes.
¿Te mantienen en la orilla o te hacen salir de ella? ¿Te acercan o te
alejan del lugar que Dios tiene para ti?

Piensa:

1. ¿Habrá conexiones en tu vida que necesitan ser
   renovadas?

2. ¿Qué recibe en tu vida la prioridad de tiempo,
   recursos y fuerzas?

3. ¿Te estás dirigiendo a algún lugar al que vale la pena llegar?

4. ¿Habrá motivaciones en ti que necesitan ser alineadas a la voluntad de Dios?

5. ¿Será necesario renovar hoy quién eres y para qué estás aquí? ¿Qué Dios ha puesto en ti para bendecir a otros?

6. ¿Te has visto en la orilla? ¿Qué necesitas hacer para salir de allí?

Ven, hagamos esta oración:

Señor, ayúdame a renovar las conexiones que necesitan ser restauradas. Estoy dispuesto. Háblame; yo escucharé. Apasióname una vez más contigo, con mi familia, mis amigos y con la vida. Que nada robe la pasión que un día despertaste en mi corazón.

capítulo 4

Encuentra una pasión duradera

Es MUY FÁCIL encontrar ánimo y entusiasmo cuando nos vemos en medio de una nueva temporada en nuestra vida. Se puede mantener la pasión cuando todo sale bien. La pregunta es qué hacemos cuando lo que parecía entusiasmarnos ya no logra darnos alegría ¿Qué haremos cuando en medio de los conflictos, debemos encontrar fuerza y enfoque? ¿Cómo mantenemos con vida nuestro amor y entrega, a pesar del momento que vivimos?

Muchos comenzamos animados pensando que todo saldría bien. De momento, las cosas no salieron como pensábamos, y vemos debilitarse nuestra fe, esperanza y pasión. Por alguna razón, la gente espera que los que empiezan algo con mucha pasión, se desanimen. Podemos escuchar estas voces en un ambiente laboral. Llega el nuevo empleado lleno de dedicación, y escuchamos a uno que levanta el comentario: "Eso es porque es nuevo, deja que pase el tiempo. Si supiera lo que le espera no estaría tan entusiasmado. Es un idealista, por eso está así".

De manera cínica, confiamos en que todo enamorado pierda su amor y todo apasionado pierda su pasión. Pareciera como si tuviéramos la expectativa de que todo sueño, entusiasmo o pasión serán pasajeros. No nos atrevemos a decirlo abiertamente, pero lo abrigamos en lo secreto del corazón.

No hay otro evento donde esto se pueda ver más claro, que en las celebraciones de bodas. Aunque estemos juntos presenciando la misma boda, cada cual ve las cosas desde puntos de vista diferentes. Algunos se alegran, otros lloran, algunos se entristecen. Para algunos solteros, las bodas representan un evento que algún día desean experimentar. Para algunos casados que ya dejaron de disfrutar su vida matrimonial, la boda representa un momento hermoso que nunca les regresará. Por un lado, admiramos la pasión de estos dos enamorados que han decidido unir sus vidas para siempre. Por otro, nos convencemos de que están así porque están ignorantes de la realidad. Mi abuelo decía que muchas verdades se dicen en forma de broma. En las bodas, eso ocurre a menudo. Escuchamos a muchos comentar frases como:

+ "Deja que regrese de la luna de miel y se enfrente a la realidad, que se le va a ir la sonrisa".

+ "Tan lindos que se ven ahora, es que son recién casados".

+ "Están emocionados ahora, deja que se encuentren con la realidad".

En ocasiones, nos hemos hecho cómplices de este tipo de mentalidad limitante. Nos persuadimos a creer que ningún matrimonio puede durar mucho tiempo…que nadie puede vivir entusiasmado toda la vida…que existe una edad límite para tener sueños…que la pasión debe tener alguna fecha de expiración.

Comentarios como éste parecieran decirnos que la pasión y la entrega están reservadas sólo para ignorantes e inexpertos, o que mientras mayor experiencia tengamos en la vida, menor será nuestra pasión. ¿Por qué? ¿Qué sucedió que se apagó la intensidad con que vivíamos? ¿Dónde se pierde la pasión? ¿Habrá forma de recuperarla?

Dios desea que vivamos apasionados y llenos de fe. Pasión es una manifestación de entrega de un amor comprometido. Cuando vivo apasionado por algo, dejo manifiesto que eso ha cautivado mi amor. Dios desea que vivamos apasionados por Él y que nuestra vida manifieste esa pasión y compromiso.

Hay que cultivar la pasión

Todo en la vida está sujeto al ciclo del desgaste. Desde la caída del hombre, todo lo que nace sufrirá desgastes naturales, a menos que haya una intervención intencionada para que se fortalezca. La pasión no crece naturalmente. Aquel que desea aumentar cualquier pasión, debe cultivarla con intención.

"Entonces Dios el Señor expulsó al ser humano del jardín del Edén, para que trabajara la tierra de la cual había sido hecho".

—GÉNESIS 3:23

Desde que el pecado llegó a la tierra a través de los primeros padres, Adán y Eva, Dios estableció un orden muy importante para regir nuestras vidas. Dios nos puso en la tierra para trabajarla. Significa que todo lugar que Dios nos concede, requiere nuestro esfuerzo. En otras palabras, Dios en el Génesis dejó confirmado que tendríamos que esforzarnos, sembrar, cultivar y trabajar para dar fruto en la tierra que nos entregó.

"…y los bendijo con estas palabras: Sean fructíferos y multiplíquense…".

—GÉNESIS 1:27

Creo firmemente que cuando Dios asigna una encomienda, junto a ella deposita en nosotros su bendición para que podamos llevarla a cabo. Es por eso que cuando Dios crea al hombre y a la mujer, les bendice para ser fructíferos y multiplicarse. Dios nos ha capacitado para que hagamos lo que espera de nosotros. Así que confía. Dios te ha dado y te dará todo lo que sea necesario para que puedas cumplir tu propósito.

Por eso cuando Dios habla de trabajar, no habla de sólo sembrar. Entendamos que todo fruto que queramos ver en nuestra vida requiere que sembremos, reguemos y cultivemos, con esfuerzo y perseverancia. Necesitamos entender que toda pasión requiere ser cultivada. Lo que siembres en ella, eso cosecharás.

"No nos cansemos de hacer el bien, porque a su debido tiempo cosecharemos si no nos damos por vencidos".

—GÁLATAS 6:9

Muchas parejas se casan con la expectativa de que la misma pasión que les unió el día de la boda los sostendrá durante toda la vida. Muchos comienzan una carrera profesional pensando que esa primera emoción les mantendrá la pasión durante los días de dificultad. Todo sabemos que no es así, pero actuamos como si fuera así. El tiempo pasa, el efecto del desgaste se hace visible y nos quedamos de brazos cruzados. No invertimos para ver crecer nuestra pasión.

"Locura: hacer lo mismo una y otra vez y esperar resultados diferentes".

—ALBERT EINSTEIN

¿Cuántos matrimonios hemos visto llegar y decir: "Ya no es lo mismo entre nosotros"? Algunos los he conocido y visto muy cerca. Los vi enamorados en la primera etapa. Estaban muy entusiasmados, pero el día de la aflicción se dieron cuenta de que no habían edificado el fundamento necesario para enfrentar la adversidad. Siguieron el ritmo natural del desgaste de la vida y cuando despertaron, la pasión se había apagado. Hacía tiempo que sabían que las cosas no iban como debían, pero tampoco hicieron lo necesario para romper el ciclo del desgaste.

He escuchado a muchos decir frases como: "El amor se apagó". No, eso no fue así. Lo dejamos apagar. Otros comentan y dicen: "Ya no me apasiona lo que hago". ¿Qué hicimos para que nos apasionara el primer día? ¿Estamos haciendo algo para que esa llama se encienda nuevamente?

Romper el ciclo natural

Este ciclo natural del desgaste puede ser quebrado. Muchos se sorprenden cuando esto sucede porque piensan que debemos conformarnos a una vida sin deleite, sin frutos y estática. Se nos olvida que este ciclo puede ser quebrado y ver que ocurre, es como un recordatorio que grita al mundo: "Es posible tener una vida superior".

"No hay pasión alguna en conformarse y hacer el mínimo esfuerzo, ni en aceptar una vida que no esté a la altura de lo que cada uno es capaz de vivir".

—Nelson Mandela

Recientemente vi una entrevista de un artista de nuestro país muy conocido en toda Latinoamérica. Le preguntaron si era verdad que estaba enamorado de tres mujeres. ¡Vaya pregunta! Se podía ver a leguas que el entrevistador tenía toda la intención de provocar algún tipo de escándalo. Muchos en Latinoamérica han admirado a este cantante y actor, no sólo por su trabajo artístico, sino también por mantener una familia estable, ser padre ejemplar y estar casado durante muchos años con la misma esposa.

Al escuchar la pregunta, el actor y cantante, de una manera muy amable, se sonrió y contestó lo siguiente: "Es verdad. Estoy enamorado de tres mujeres. Mi esposa, mi hija y mi madre". Cerró con una gran sonrisa en sus labios. El reportero no le quedó otra que sonreír. Cuando las conductoras del programa tuvieron la oportunidad de comentar sobre la entrevista dijeron lo siguiente: "Cada vez que escucho algo así me emociona. Me hace creer nuevamente en el matrimonio y tener la fe de que todavía hay hombres fieles".

Nos sorprendemos cuando vemos a alguien que después de tanto tiempo se mantiene apasionado con la vida, su familia, sus sueños y su fe. ¿Por qué? Porque por alguna razón nos hemos conformado a esperar que la pasión se apague como si tuviera una fecha de expiración. Sin embargo, hay buenas noticias. Podemos cambiar el curso de este fatídico ciclo.

Dios puede cambiar tu agua en vino

La Biblia nos regala una enseñanza digna de recordar en el capítulo 2 del libro de Juan. Jesús fue invitado a una boda en Caná de Galilea. A muchos nos gusta estar en las bodas, disfrutar de la fiesta, la comida y el ambiente. Jesús no era la excepción; parece que le gustaban las fiestas.

La realidad es que en cada boda, hay algún detalle que se queda sin resolver. Si no nos cuidamos, ese detalle podría arruinarlo todo. Esta pareja de recién casados tuvo que enfrentar su contratiempo. Se relata que en medio de la celebración, se terminó el vino. En ese tiempo, quedarse sin vino en una boda, era una deshonra. El vino era parte esencial en una celebración judía de esta magnitud. Imagínate la tensión que esto causó en la boda. ¡Qué bueno que Jesús estaba invitado! Seguro que Él les podría ayudar. Esto fue lo que sucedió según el relato bíblico.

"Al tercer día se celebró una boda en Caná de Galilea, y la madre de Jesús se encontraba allí. También habían sido invitados a la boda Jesús y sus discípulos.

Cuando el vino se acabó, la madre de Jesús le dijo: —Ya no tienen vino.

Jesús dijo a los sirvientes: —Llenen de agua las tinajas.

Y los sirvientes las llenaron hasta el borde.

—Ahora saquen un poco y llévenlo al encargado del banquete —les dijo Jesús.

Así lo hicieron. El encargado del banquete probó el agua convertida en vino sin saber de dónde había salido, aunque sí lo sabían los sirvientes que habían sacado el agua.

Entonces llamó aparte al novio y le dijo:—Todos sirven primero el mejor vino, y cuando los invitados ya han bebido mucho, entonces sirven el más barato; pero tú has guardado el mejor vino hasta ahora".

—Juan 2:1-10

Una de las cosas que más me llama la atención de esta historia es la respuesta del encargado del banquete. Si notas en el verso 10, el encargado del banquete muestra su asombro. ¿Por qué? Bueno, la naturaleza humana es la de dar el mejor vino al comienzo y luego conformarse con dar el vino inferior. Muchos se han acostumbrado al ciclo. Nos esforzamos por dar lo mejor de nosotros al comienzo, pero cuando pasa el tiempo nos resignamos a vivir en un nivel inferior al que Dios nos ha dado. Sabemos que podemos esforzarnos más, pero nos conformamos con una vida común. Decidimos aceptar vivir de manera mediocre.

Hay varias enseñanzas que podemos anotar en esta lectura:

Enseñanza #1

Toda entrega será probada. Sí, leíste bien. Tu fe y tu pasión van a encontrar adversidad y, en momentos, eso será lo que Dios use para que crezca tu pasión. Toda pasión debe estar acompañada de un compromiso. Todo compromiso requiere una entrega. Toda entrega conlleva un precio a rendir y encontrará oposición. Esa oposición es el campo fértil para ver madurar nuestra fe y nuestra pasión.

La oposición puede ser incomprensión, limitación de recursos, resistencia al cambio y otros más. Una mujer en las Escrituras decidió manifestar su pasión, al derramar su perfume a los pies de Jesús. Para Jesús fue dulce y hermosa la honra ofrecida por esta mujer. Sin embargo, para otros allí presentes, fue digna de rechazo.

El enemigo conoce el poder de una pasión comprometida. Naciones han sido transformadas por el poder de un corazón apasionado que ha aprendido a comprometerse y entregarse. Piensa en Martin Luther King. No requirió sino un corazón con una pasión ardiente que decidiera comprometerse y contagiar a otros con su entrega. Esta pasión le costó la vida. Sin embargo, hoy somos testigos de que la condición de los afro-americanos dio un giro trascendental desde que se levantó gente dispuesta a creer que podría lograrse un cambio.

¿Qué haces cuando encuentras oposición? ¿Habrá algo distinto que podamos hacer para crecer en medio de la prueba? En lugar de evadir el conflicto, debemos enfrentarlo con determinación y sabiduría, pues nuestra fe y pasión serán fortalecidas al conquistar el obstáculo. En vez de darnos por vencidos debemos insistir, y encontraremos una salida en medio de la adversidad. ¡Qué bueno es saber que contamos con la presencia de Dios en medio de los tiempos difíciles!

Enseñanza #2

Necesitamos gente que haga la diferencia. Es notable que en medio de esta crisis de las bodas de Caná, se comente muy poco acerca del novio. Tal vez estaba muy pendiente a la novia como para percatarse de todo lo que sucedía. Pudo haber sido que tenía su mente en el crucero de luna de miel por el Mediterráneo. Otros podrían argumentar que el chico tal vez no tenía la madurez para entender la seriedad de lo que sucedía. Sin embargo, lo que me cautiva de este relato es que este novio estaba rodeado de personas útiles. Esto nos enseña algo. En la vida no tenemos que saberlo todo. Si nos rodeamos de la gente correcta que pueda guiarnos, encontraremos las respuestas necesarias para enfrentar la aflicción.

Hay varias personas claves que fueron invitadas para hacer un giro en esta historia. Cada uno representa una cualidad o actitud clave que debemos abrazar en medio del desánimo.

Primero, vemos a María. Ella representa juicio, sabiduría y perseverancia en medio de la dificultad. Juicio para entender la urgencia de una acción en medio de la necesidad. Ella tuvo los ojos para ver lo que estaba sucediendo y entender las posibles consecuencias si no tomaban acción inmediata. Tenía sabiduría para conocer dónde había que buscar respuesta; por eso corrió a Jesús. Siempre es bueno invitar a nuestra vida estas cualidades que se harán imprescindibles en el día de la necesidad.

Luego vemos a Jesús, el único que puede convertir el agua en vino. El único que puede convertir lo natural en algo sobrenatural es Dios. María vio la necesidad, pero aún ella estaba limitada para obrar. Sólo Él puede tomar lo básico, común y ordinario que tenemos, y convertirlo en algo extraordinario. Sólo Dios puede renovar con su presencia, una pasión desgastada por el tiempo. Cuando vemos nuestra pasión debilitarse, necesitamos correr a la presencia de Dios, donde todo nace de nuevo. ¡Qué bueno que Jesús estaba invitado a esta boda! ¿Qué tal si hoy te aseguras de que Jesús sea invitado oficialmente a todos los asuntos de tu vida?

Por último, vemos a los sirvientes. Ellos tipifican el corazón dispuesto a obedecer en medio de la crisis. ¿Qué hacemos después que corremos hacia Dios en medio del conflicto? ¿Le obedecemos o lo ignoramos? Esta disposición determinará la diferencia entre saber que hay respuesta y ver la respuesta de Dios transformar toda nuestra vida. Es la capacidad de obedecer sus mandatos con prontitud. Es la diligencia para llevar a cabo, en medio de las crisis, lo que Dios espera de nosotros.

Además de asumir las actitudes correctas, necesitamos rodearnos de personas que nos brinden balance, sabiduría y dirección. Veamos estos diferentes tipos de personas:

+ **Los que dicen "ve".** Éstos son aquellos que impulsan nuestros sueños. Nos motivan a creer lo que Dios ha depositado en nuestra vida. Ellos verán en nosotros lo que nosotros mismos no hemos logrado ver. Dios les ha dado palabras de afirmación para ayudarnos a ver más allá de lo que estamos viendo. Hablan al corazón y amplían la visión.

+ **Los que dicen "detente".** Ellos creen en nosotros y han sido gente que nos inspira. Nos conocen bien y saben confrontarnos cuando necesitamos que evaluemos nuestros pasos. Creen tanto en nosotros que se han comprometido a cuidarnos y velar nuestro norte. Para tener una óptica balanceada de la vida, necesitamos tener gente que nos ayude a anclar nuestra pasión. Sus palabras nos permiten poner

SI ACASO SE ME OLVIDA

los pies en la tierra. Dios pondrá gente en nuestro camino que con su amor, discernimiento y sabiduría nos ayuden a estar centrados. Te recuerdan tus prioridades.

✦ **Los que levantan manos.** Estas personas se comprometen con nosotros, no sólo a un nivel natural, sino también a nivel sobrenatural. Saben la necesidad de mantener viva la fe. Su herramienta es la oración y con ella nos levantan los brazos cuando parecemos debilitarnos. Nos ayudan a dirigirnos constantemente a la presencia de Dios. Se convierten en personas que oran por nosotros, por nuestras cargas, pasión y visión. Ellos deben ser parte de todo lo que hacemos.

✦ **Los experimentados.** Son aquellos que han atravesado el camino y pudieron regresar vivos para contarlo. Son los que han dado fruto en aquello que deseamos lograr, y esos frutos les dan autoridad. No son espectadores, sino veteranos del juego. No sólo dicen que saben; fueron al campo y salieron airosos. Son los que nos pueden ayudar a ver qué cosas les sirvieron y qué cosas no les funcionaron. Son los que nos enseñan, no sólo con lo que dicen, sino que caminar junto a ellos nos ofrece una escuela de vida. Éstos podrían ser mentores para nuestro caminar.

¿Puedes identificar a alguien a tu alrededor que pueda fungir cada uno de estos roles? Si no los hallas, ¿qué tal si oras a Dios para que te dé sabiduría para conectarte con ellos?

Enseñanza #3

En medio de la adversidad, se puede obtener resultados extraordinarios. Una de las lecciones más valiosas que vemos en esta historia es que Dios está interesado en que tengamos resultados extraordinarios. Dios puede darle un giro a nuestra vida inerte. Muchas veces podemos escuchar nuestro corazón preguntando: "¿Podré darle un giro a mi vida a pesar de lo que he vivido? ¿Seré capaz de salir de este caminar común y experimentar algo extraordinario? ¿Podré tener una pasión renovada después de haberme rendido?"

Son preguntas que constantemente visitan el corazón. Más aún cuando hemos sido heridos, decepcionados, y estamos fatigados. Lo único que se necesitó en las bodas de Caná fue gente dispuesta a obedecer; corazones que creyeron que Dios podía visitar su realidad y cambiarla milagrosamente.

Dios podía convertir el agua en vino. ¿Qué se necesitó? Sólo tomar las tinajas que había y llenarlas de agua; poner a la disposición lo que había. Necesitamos disposición y una fe básica. Es cuando te acercas a Dios y le dices: "Señor, tal como soy, me rindo. Estoy dispuesto, ayúdame a comenzar de nuevo. Sólo en ti puedo." Dios usa lo que tienes contigo ahora, para proveerte aquello que te hace falta. En el caso de Moisés, Dios usó la vara que él tenía en la mano para abrir camino en medio de su necesidad. Dios puede hacerlo. No hay duda de eso. Dios toma tu corazón fatigado, conformado, deshidratado, y le brinda la pasión que nunca imaginaste volver a tener. Él puede brindarte un espíritu avivado.

Esa crisis se convirtió en una gran plataforma para declararle al mundo: "Tienes razón, la pasión naturalmente se desgasta, pero cuando Jesús llega a tu escena, todo puede cambiar". Con Cristo, nuestra vida común y desgastada toma un cambio de dirección, y se convierte en algo extraordinario. Lo natural es visitado por el cielo y vemos lo que parecía imposible, convertirse en extraordinario.

Dios te habla hoy. Créelo, puedes obtener resultados extraordinarios. Muchos han pensado que nos debemos conformar con sólo existir, que nuestras relaciones están destinadas a desgastarse y que nuestros sueños quedarán en el olvido. Pero no tiene que ser así. Confía, levántate. Hoy Dios se acerca a ti. Te abre camino a una vida de trascendencia. Te invita a caminar sobre las aguas.

Podrás salir de la esclavitud. Te concede ver el mar abrirse en dos. Te anima a creer que los panes y los peces se multiplicarán.

¿Qué tal si le invitas hoy a tu realidad?

Señor, cambia mi agua en vino. Tú eres el único que puede convertir lo natural en sobrenatural. Convierte mi vida en una llena de milagros, donde yo refleje tu gloria cada día. Dame más de tu Santo Espíritu. Yo estoy aquí para ser moldeado por ti.

capítulo 5

Prohibido olvidar

"Alaba, alma mía, al Señor,
y no olvides ninguno de sus beneficios.
Él perdona todos tus pecados
y sana todas tus dolencias;
él rescata tu vida del sepulcro
y te cubre de amor y compasión;
él colma de bienes tu vida
y te rejuvenece como a las águilas".
—Salmo 103:2

M E ENCONTRABA DE viaje con mi esposa cuando nos enteramos de la noticia. El mundo entero lo sabía. Uno de los deportistas más respetados, Tiger Woods, estaba involucrado en un accidente en horas de la madrugada, cerca de su residencia.

Muchos no podíamos entender qué era lo que sucedía porque algunos elementos no hacían sentido. Muy pocos pensarían que la imagen intachable de este golfista estaba a punto de ser afectada.

Los días pasaron, y cada vez los noticieros daban a conocer más acerca de la doble vida que Woods había llevado durante años. Múltiples casos de infidelidad salieron a la luz. Su matrimonio, familia e imperio deportivo y económico estaban en jaque.

Con todas las acusaciones en los medios, Woods decidió retirarse por un tiempo de la luz pública. Luego de varios meses sin saber de él, muchos vieron en la televisión la primera presentación pública del deportista, luego del tan sonado escándalo. Allí confesó su infidelidad y pidió perdón a su familia, fanáticos, compañeros del deporte, socios de negocios y aquellos que lo habían apoyado desde el comienzo.

Muchos de los que vimos las imágenes de la confesión, vimos a un Tiger Woods diferente. El hombre que caminaba seguro en el campo de juego, ahora se veía algo nervioso, tratando de componerse mientras leía su declaración. Su imagen, reputación y credibilidad estaban maltrechas. Por primera vez, el golfista que había sido admirado por una vida libre de escándalos, era el protagonista de uno de los escándalos más tristes. Su confesión pública fue muy valiente y admirable. ¿Qué hace que un hombre que supuestamente tiene todo, caiga tan bajo?

Las preguntas fueron directas debido al límite de tiempo, pero arrojaron luz sobre algunas dudas que se tenían. El reportero preguntó: "¿Qué hay de diferente en el hombre que regresará a jugar?" "Vengo diferente porque he tenido que regresar a mis raíces", Woods contestó. "¿Qué viste en ti?" "Vi una persona que nunca pensé que vería en mí", respondió. "¿Quién es esa persona?" "Una que abandona sus valores, que se olvida de su fe y que piensa que tiene derecho a la vida que tiene. Justifiqué y racionalicé mis malas acciones. Estaba viviendo una vida de mentira", concluyó el golfista.

Vimos en su entrevista verdades que no debemos olvidar. No necesitamos llegar al punto a donde llegó Tiger para darnos cuenta de que nuestra vida podría ir por el mismo camino. Por eso hoy quiero analizar sus comentarios.

Primero, abandonó sus valores y las enseñanzas que sus padres le dieron. Segundo, olvidó su fe. Y tercero, pensó que tenía derecho a hacer lo que hacía.

Durante su primera declaración y confesión pública, él explicó que había trabajado y se había disciplinado desde muy pequeño para lograr ser jugador profesional. Cuando sintió que había logrado sus metas, se sintió con derecho a romper todas las reglas. Olvidar los valores, la fe que sostiene a uno y las lecciones aprendidas ponen a uno en peligro. Cuando escuché esas respuestas, pensé en lo importante que es recordar qué es lo que te ha traído al lugar a donde has llegado.

Hay momentos en nuestra vida cuando necesitamos detenernos y evaluar nuestros pasos; velar si las decisiones que tomamos nos acercan o nos alejan del lugar que Dios ha diseñado para nosotros. Cada vez más, necesitamos recordar lo que hemos tenido que pasar para llegar a donde estamos, y las lecciones que adquirimos en el camino. Esas lecciones no deben olvidarse y deben repasarse constantemente. No podemos olvidar el fundamento que nos permite disfrutar lo que hoy tenemos.

Tal vez nuestro caso no sea público como el de este golfista. Quizás no es algo tan ofensivo. Sin embargo, al echar una mirada honesta a nuestras actitudes, motivaciones y prioridades, tal vez nuestra vida ha tomado un giro que podría ser muy peligroso. Hemos dejado la fe que un día nos levantó. Miramos nuestro esfuerzo, y pensamos que ya no tenemos que vivir una vida tan exigente. Llegamos a la conclusión de que nos podemos permitir cosas que anteriormente no nos hubiésemos atrevido ni tan siquiera a considerar.

Sencillamente, se nos olvidó lo que nos trajo hasta aquí.

Debe haber algo valioso en el acto de recordar. Dios mismo enfatiza en su Palabra la necesidad de no olvidar. El que olvida, pierde uno de los recursos más poderosos y efectivos para avivar su fe y mantener un corazón enamorado de la vida.

Cuando hablamos de no olvidar, hablamos del ejercicio intencionado de mantener presente algo en nosotros. Hay tantos elementos que cambian en la vida, que debemos asegurarnos de mantener presentes aquellos que nos pueden sostener firmes en las pruebas de este mundo tan incierto.

Para Dios era importante que el pueblo de Israel nunca olvidara lo que había experimentado. Era importante que mantuvieran vivo lo que había costado llegar a cada nueva etapa. Luego de haber salido milagrosamente de Egipto, ¿se olvidarían de la mano de Dios? Después de tantos retos, victorias y fracasos en medio del desierto, ¿recordarían a Dios?

Justo en el momento en que el pueblo de Israel estaba a punto de entrar a la tierra prometida, Dios mismo los detuvo. Como los padres que necesitan recordarles a sus pequeños las directrices claves antes de dejarles cuidando en otra casa, así Dios les abrió el corazón. Allí les presentó una última recomendación que no deberían desatender.

"Pero ten cuidado de no olvidar al Señor tu Dios. No dejes
de cumplir sus mandamientos, normas y preceptos que yo
te mando hoy. Y cuando hayas comido y te hayas saciado,
cuando hayas edificado casas cómodas y las habites,
cuando se hayan multiplicado tus ganados y tus rebaños,
y hayan aumentado tu plata y tu oro y sean abundantes
tus riquezas, no te vuelvas orgulloso ni olvides al Señor tu
Dios, quien te sacó de Egipto, la tierra donde viviste como
esclavo" (Deuteronomio 8.11-14).

Todos hemos experimentado momentos donde luego de un
intenso proceso, hemos llegado al lugar deseado. ¡Cuántas familias
luego del desierto que amenazó sus vidas, lograron llegar al destino! Al principio nada parecía hacer olvidar las lecciones que recibieron en el desierto. No obstante, tú y yo lo hemos visto. Con el
tiempo vuelven al desierto, pues olvidan las poderosas razones por
las cuales llegaron a levantarse un día.

El pueblo de Israel no podría disfrutar la tierra prometida
si perdía de perspectiva lo que Dios había hecho con ellos en el
desierto. La bendición de la tierra prometida era mucho más que
un territorio. Era la oportunidad de conocer a Dios, vivir en comunión con el Rey del universo y poder caminar con Él. Era la certeza
de que ese Dios les había hecho libres para amar y para que Él habitara entre ellos. De eso se trataba la gran promesa de Dios. Pero
si Dios no estaba presente en ellos, ¿de qué les servía el pedazo de
territorio?

Canaán, la tierra que fluía leche y miel, era el cumplimiento
de las palabras y promesas de Dios. El mismo Dios que conocieron en el desierto deseaba mostrarles su gracia de una manera
fresca y poderosa. La tierra prometida significaba un estado de
confianza, comunión y paz con Dios. Era donde Dios pretendía
darse a conocer a su pueblo y enamorarlo con su fidelidad. Por eso

Dios, antes de que entraran a esta tierra, les dice: "Cuídense de no olvidar. Necesitan recordar lo que Yo he hecho con ustedes si desean permanecer en el estado que les he prometido". Ese estado de comunión no habita en la tierra, sino en Dios. La tierra era sólo otro recordatorio más de cuánto Dios les amaba. Ésa era la mentalidad que Dios deseaba dejarles presente. Por eso les enfatizaba recordar lo que había pasado. En esa conversación estaba revelado el clamor del corazón de Dios que decía: "Cuídense de luego de tanto esfuerzo, se les olvide todo. Presten atención, cuiden sus corazones, no sea que sean saciados, comiencen a habitar casas cómodas, y al recibir abundancia se olviden de quién te sacó en la noche oscura de tu dolor".

A muchos se les olvida cómo Dios les llevó al destino que les había prometido. Sucede que la misma bendición que Dios nos otorga, se convierte en nuestra maldición. Lo mismo que Dios nos da como muestra de su amor puede llegar a convertirse en el mayor obstáculo para acercarnos a Él, si cometemos el error de olvidar quién nos lo dio. Dios nos pide que nos cuidemos de no olvidar. Ésa es nuestra responsabilidad.

Cuídate de no olvidar

¿Por qué para Dios es tan importante que no olvidemos? Cuando el ser humano experimenta momentos de victoria y fracaso, su percepción de la realidad puede alterarse. Esto significa que tanto en los momentos de abundancia como en los momentos de escasez, debemos hacer un esfuerzo deliberado de cuidar nuestro corazón. En esos momentos, podríamos tomar decisiones basadas en lo que estamos viviendo y olvidar que es un estado temporero. Muchos toman decisiones permanentes en situaciones que son temporeras sólo porque se olvidaron.

Recordar significa traer a memoria las cosas que Dios hizo contigo ayer. ¿Por qué? Justo hoy cuando las cosas no parecen salir como esperabas, necesitas recordar que lo que Él hizo ayer, lo puede hacer hoy y lo volverá a hacer mañana. Recordar la manera

SI ACASO SE ME OLVIDA

en que Dios te libró en el día de la angustia, te ayudará a avivar tu
fe en el próximo día de la adversidad.

Este efecto no sólo podría suceder en la aflicción, sino también
en el éxito y la abundancia. La abundancia tiene una característica
que parece enajenarnos de la realidad. Tiene un efecto embriagante
que no nos permite pensar claramente. Se nos pueden olvidar los
desiertos que tuvimos que cruzar para llegar allí. Por eso Dios hace
la amonestación "Cuídate de no olvidar", antes de entrar a la tierra
que fluye leche y miel. Es como si les dijera: "Sé que ahora parece
una locura porque tienen la experiencia todavía muy fresca en sus
mentes, pero un día todo esto lo pueden olvidar. Y si olvidan, perderán el sentido de por qué están en el lugar donde están".

Aquel que no recuerda su pasado estará destinado a cometer los
mismos errores.

Fíjate que no digo que debemos vivir en el pasado; eso sería un
grave error. Lo que cada persona debe tener claro es su propia historia. Si no tenemos clara nuestra historia, perderemos sentido
del presente que vivimos. Al recordar cómo llegamos aquí, recordamos cómo debemos seguir caminando. Los días pueden pasar
y nunca darnos cuenta de que se debilitó el vínculo que disfrutá-
bamos: aquella conexión que un día tuvimos y que nos brindaba
tanto entusiasmo.

Debemos hacer un compromiso de continuamente hacer un
retrato mental de nuestra vida. Cuando hagas eso, debes hacer un
inventario de tus días. Toma momentos para agradecer a Dios por
todo lo que usó para traerte al lugar donde estás hoy. Eso requiere
un esfuerzo intencionado. No sucederá de la nada. Requiere un
compromiso de nosotros.

Muchos disfrutan de la victoria, pero pocos recuerdan la historia

Dios ha prometido que hará muchas cosas por nosotros. Te
puede parecer extraño, pero hay una porción bíblica donde Dios
declara que hay algo que no hará por nosotros. Eso es cuidar
nuestro corazón. Eso nos corresponde a nosotros.

"Por sobre todas las cosas cuida tu corazón, porque de él mana la vida" (Proverbios 4:23).

Hay muchas personas que hacen diferentes actividades para mantener presentes en sus vidas lo que han vivido. Conozco una pareja que lleva cerca de veinticinco años de casados. Como parte del ejercicio de recordar, han decidido que cada viernes en la tarde, no importa lo que suceda en la semana, se reúnen en una cita amorosa. Ese día cierran su negocio más temprano para verse en el mismo rincón.

El rincón donde les gusta encontrarse es la misma cafetería que han visitado todos los viernes desde que se casaron. Se reúnen para recordar cómo se enamoraron, qué les une y cómo llegaron a donde están. Ellos me han compartido lo clave y necesarios que han sido esos momentos, especialmente cuando han pasado por tiempos de dificultad.

Sin embargo, algunos tenemos esos recordatorios que llevamos con nosotros y aún así quedan en el olvido. No se trata sólo de tener los objetos. Es cultivar constantemente en nuestro corazón la conexión con nuestras prioridades, y las intenciones genuinas. Necesitamos llevar disciplinas que requieran que el corazón se conecte, pero asegurándonos que pongamos el corazón en lo que hacemos. Mientras más tiempo pasa, más necesario se hace cultivar nuestros vínculos. Es como cuando vemos las fotos nuestros hijos, y en lugar de sólo decir: "¡Qué mucho han crecido!", decir: ¡Señor, qué bueno que me has dado una familia!

Luego de fallecer la esposa del evangelista Billy Graham, la revista *Time* le hizo una entrevista y le preguntaron cómo mantuvieron la llama del amor encendida en su matrimonio durante tantos años. Ambos habían decidido que sin importar donde estuvieran en el mundo, conversarían por teléfono todos los días a las 5:00 pm. Era una cita que decidieron respetar durante años.

A través de una conversación telefónica, procuraban cultivar y proteger aquel vínculo que les había unido. Vivieron comprometidos con esa promesa que se hicieron hasta que ella falleció.

Terminó la entrevista diciendo que todavía hoy, cuando llegan las cinco de la tarde, puede recordar las llamadas que solían tener. En ocasiones hasta todavía espera escuchar el teléfono sonar. Eso es haber cultivado el vínculo. Es sembrar en la pasión, en el amor que deseamos que rinda frutos.

Si sientes que la rutina de vida te ha hecho olvidar, ¿qué tal si hoy decides intencionadamente recordar lo que te ha traído hasta aquí?

Para pensar:

1. Haz memoria de algunos desafíos en tu vida y qué te llevó a vencerlos.

2. ¿Cómo viste tu vida luego de ese momento?

3. ¿Qué compromisos hiciste ese día que hoy necesitas renovar?

4. ¿Qué estás haciendo para cuidar que te mantengas recordando?

"No permitas que una conquista te conquiste, ni una derrota te derrote." Anónimo

Por muchos años, he escuchado a mi pastor Rey usar esta frase. Hay muchos que al enfrentar una derrota, permiten que ese suceso determine todo en su vida. Hay otros que, cuando viven una victoria, se olvidan de las lecciones aprendidas en el camino. Tenemos que repasar cuáles fueron las cosas que nos trajeron hasta aquí.

Dios quería decirle al pueblo de Israel que no permitieran que su victoria les hiciera olvidar las grandes luchas que tuvieron enfrentar. Me lo imagino diciendo, igual que a nosotros hoy: "Nunca olvides todo lo que aprendiste antes, durante y después de cada batalla; ten siempre presente que mi mano te liberó del Faraón. Cuando vivías en esclavitud y clamaste, yo fui quien te liberó. Nunca olvides cómo viviste como esclavo en Egipto y cómo te liberé. No olvides cómo te hice cruzar el Mar Rojo. Cuando pensaste que no tenías ayuda, mi ayuda llegó del cielo. Recuerdan que fueron cuarenta años y tus vestidos nunca se gastaron, ni el pie se te hinchó".

Señores, aún con todo el recordatorio divino, a muchos se les olvidó. Eso es parte de nuestra naturaleza caída. Hay una tentación cuando llega la abundancia, que nos hace decir: "Esto lo logré yo y fue mi esfuerzo". Cuando eso sucede, se nos olvida el fundamento que nos trajo hasta aquí. Por eso Dios insiste: "Cuídate de no olvidar".

"El Señor te guió a través del vasto y horrible desierto, esa tierra reseca y sedienta, llena de serpientes venenosas y escorpiones; te dio el agua que hizo brotar de la más dura roca; en el desierto te alimentó con maná, comida que jamás conocieron tus antepasados. Así te humilló y te puso a prueba, para que al fin de cuentas te fuera bien. No se te ocurra pensar: 'Esta riqueza es fruto de mi poder y de la fuerza de mis manos'. Recuerda al Señor tu Dios, porque es él quien te da el poder para producir esa riqueza; así ha confirmado hoy el pacto que bajo juramento hizo con tus antepasados.

Si llegas a olvidar al Señor tu Dios, y sigues a otros dioses para adorarlos e inclinarte ante ellos, testifico hoy en contra tuya que ciertamente serás destruido" (Deuteronomio 8:15-19).

Lo que Dios pidió que recordemos

1. Él te guió - Debemos tener presente cómo fue que llegamos aquí. No olvides que cuando clamaste estando en aflicción, Dios te escuchó y te liberó. Trae a memoria los días que estando en el desierto te brindó dirección. ¿Puedes recordar la nube de día y la columna de fuego en la noche? ¿Seremos capaces de confiar en su dirección cuando nos

llegue su bendición con la misma intensidad, como cuando tuvimos escasez?

2. **Te dio agua que brotó de la peña.** Debemos recordar que Dios sació la sed que el desierto trajo a nuestro corazón. Dios no sólo te sacó de la esclavitud, sino que estando en el desierto provocó milagros para sostener tu alma cuando pensaste no tener más fuerzas. El agua significaba que hizo del lugar inhabitable, un lugar apto para vivir y dar fruto. Lo que hizo que el pueblo diera fruto en el desierto fue la presencia de Dios. Lo que convirtió el desierto en tierra fructífera fue el cuidado de Dios sobre ellos y sobre ti. Lo que hará que la tierra prometida sea de bendición es que contemos con la presencia de Dios. ¿Deseo la tierra prometida porque Dios habita conmigo o porque tiene lo que tanto he anhelado? ¿Podremos tener fe para creer que Dios seguirá provocando milagros hoy, como lo hizo ayer en el desierto? ¿Seguirá siendo Dios mi sustento como lo fue en el desierto, o descansaré en lo que la tierra promete?

3. **En el desierto te alimentó con maná.** Si no hubiera sido por la provisión de Dios, muchos de nosotros hubiéramos muerto en el desierto. Sin embargo, Dios te pide que recuerdes cómo del cielo Él trajo provisión para ti. Nunca permitas que lo que vean tus ojos, limite tu fe. Cuando te muevas, recuerda que la tierra prometida significa el lugar donde Dios habita contigo. Allí siempre habrá alimento para tu alma.

4. **Te puso a prueba.** Dios nos recuerda que en cada rincón del desierto nos brindó lecciones que nunca debemos olvidar. Una versión bíblica explica que Dios permitió que pasaran por el desierto para que

el pueblo se conociera entre sí. Cada desierto trae a la luz lo que hay en nuestro corazón. Esos períodos provocan madurez en nosotros. No hay duda de que Dios permitió la prueba y en ella hubo propósitos. ¿Para qué?

Primero, para que conociéramos la inmensidad de su amor hacia nosotros.

Segundo, a Dios le interesa que nos conozcamos a nosotros mismos. Por más éxito que tengamos, debemos recordar nuestras debilidades. Si las olvidamos, podríamos tropezar con ellas.

Son muchos los que esperan estar a punto de perder a sus familias para hacer lo que siempre debieron hacer. Otros se resistieron a perdonar hasta que parecía que perdían todo. A algunos les cuesta tomar acciones drásticas, que debieron haber tomado desde el día que salieron del desierto. Otros quieren re-establecer las prioridades y motivaciones que debieron dirigir su vida hace tiempo.

Puede ser que hayas perdido la sensibilidad que adquiriste luego de la prueba, pero hoy Dios desea restaurar tu corazón. Ese corazón dispuesto a amar, entregar y bendecir. Hoy Dios nos habla de corazón a corazón, pues desea que podamos ver y entender, que no necesitamos otra prueba para aprender lo que ya hemos aprendido.

Hay momentos cuando nos encontramos diciendo: "Recuerdo aquellos días cuando vivía en Egipto. ¡Qué bien la pasábamos! Entonces todos escuchan, miran con asombro y no pueden evitar decir: "¿Se te olvidó cómo fuimos duramente oprimidos, abusados y afligidos en Egipto? ¿Acaso se te escapó que fue allí donde generaciones fueron marcadas con dolor y rechazo?" Es mejor que no se nos olvide que fuimos esclavos y hoy somos libres. La esclavitud nunca podrá compararse con el desierto porque el mejor día de la esclavitud nunca podrá superar al peor día en libertad.

Recuerdo un día que platicaba con alguien y me decía que estaba cansado de la vida que tenía. Ya no disfrutaba las cosas que hacía ni en la iglesia, ni en su casa. Me confesó que lo dejaría todo.

Rápidamente me percaté de que algo en el camino había hecho que esa persona perdiera dirección, ánimo y pasión.

Le hice dos preguntas. "¿Qué realmente te molesta? "¿Qué quieres lograr hoy? Hizo silencio por un momento. No supo contestarme. Al rato me confesó una molestia que llevaba por un comentario que alguien muy allegado le había hecho. Su vida personal, familiar y su carrera se veían seriamente afectados. Comenzó a lamentarse por lo que esa persona le había hecho. Me habló cosas muy fuertes. Era notable que estaba muy decepcionado.

Recordé que hacía años, esa persona que hoy le había causado la herida, le había ayudado en un momento muy difícil en su vida. Le pregunté si recordaba aquella ocasión. Me miró, hizo silencio. La persona no entendía hacia dónde donde yo me dirigía con esa pregunta, y no estoy seguro si quería entenderlo.

Le pregunté cuál era su impresión sobre esa persona cuando ese evento ocurrió. Vi sus ojos comenzar a ponerse rojos y comenzó a llorar. Me contestó, luego de una intensa pausa: "Ese día tuve la certeza de que Dios lo había enviado a mi vida". Me miró, me dijo: "Gracias, gracias, tenías mucha razón. Ya se me había olvidado".

Cada nueva temporada en nuestra vida requerirá un esfuerzo nuevo de nuestra parte para recordar. El impacto de olvidar no es sólo que perdamos de perspectiva lo que la gracia de Dios representa en nuestra vida, sino también que perdamos la fe en lo que Dios está haciendo en nosotros.

Recuerda: no hemos llegado hasta aquí para volver atrás. Tampoco hemos llegado por esfuerzo propio. Muchos intentaron cruzar el desierto, pero pocos lograron llegar hasta aquí. Si estás aquí, es que la mano de Dios te ha guiado. Recuerda que el mismo Dios que nos trajo hasta aquí será fiel para concluir su obra en nosotros. Si has llegado hasta aquí es porque has visto la fidelidad de Dios sobre tu vida.

Muchos se decepcionan, pues sienten que todavía no han llegado. Confía en que tu corazón recobre esperanza hoy. Dios no ha terminado contigo.

"No desprecies el recuerdo del camino recorrido. Ello no retrasa vuestra carrera, sino que la dirige; el que olvida el punto de partida pierde fácilmente la meta." Pablo VI

Para pensar y recordar:

1. ¿Puedes mirar a tu alrededor y todavía reconocer una muestra de la fidelidad de Dios sobre tu vida?

2. ¿Habrá algún desierto en tu vida que te llevó a tomar decisiones determinantes?

3. ¿Habrá alguna lección que te brindó el desierto, que hoy necesites repasar?

4. ¿Has mantenido esos compromisos? ¿Qué puedes hacer hoy para renovar tu corazón?

Te invito a que hagamos esta oración:

Señor, de hoy en adelante, me comprometo a no olvidar cada momento que tú has intervenido por mí. Perdona los momentos en que he atribuido mis éxitos a mis esfuerzos sin recordar que gracias a ti estoy aquí. Gracias porque ya sé que no has terminado conmigo.

capítulo 6

El poder del agradecimiento

U N GRITO A la distancia se hizo sentir y todo se detuvo. Estas voces eran algo fuera de lo común. Desde muy lejos se escucharon. Era un clamor que mezclaba la desesperación de lo que vivían con la urgencia que tenían. Tal vez porque imaginaban que ésa podría ser la última vez que se encontraran tan cerca de tan gran oportunidad.

Eran diez y aunque podrían venir de diferentes puntos de la vida, tenían mucho en común. Llevaban tiempo con la misma condición. Pareciera que la vida les había dejado en el olvido. Se habían acostumbrado a ver la vida pasar desde lejos. Caminaban separados de todo y de todos.

Cuando le vieron a los lejos caminando, no pudieron contenerse. Se pararon a la distancia y gritaron, como el que clama con un último suspiro de aire. Con las pocas fuerzas que llevaban en el alma, exclamaron:

> "¡Jesús, Maestro, ten compasión de nosotros!" (Lucas 17:13)

Hicieron lo que fuera por llamar su atención. Nada más llama la atención de Dios que un corazón que decida poner su mirada en Él, en medio de la necesidad. Presta atención porque este principio es uno que deberíamos atesorar. Cuando Dios ve que decidimos clamarle a Él en medio de nuestro dolor, Él detiene todo.

> "Puse en el Señor toda mi esperanza; él se inclinó hacia mí y escuchó mi clamor" (Salmos 40:1).

Jesús, a lo lejos, pudo distinguir las voces. Rápidamente supo que ese clamor venía de corazones abatidos con deseos de un milagro. Deseaban ver sus vidas cambiar, pero parecía imposible. Los diez tenían lepra. No era fácil vivir con esa condición. Tenerla significaba que la vida entera recibía un firme detente. Con esa enfermedad, la vida cambiaba para siempre. Tenían que vivir en soledad, lejos de los familiares y amigos. La vida tal y como la conocían tomaba un giro hacia la inevitable separación de todo lo que habían experimentado. No podía ser fácil enfrentar esta aflicción lejos de todos lo que les podían ayudar.

El grito de los leprosos era mucho más que un saludo caluroso que se le da a alguien a quien se admira. Era el clamor desesperado de saber que tenían frente a ellos a Aquel que podía darle un giro a su pésima condición. Me los imagino mirándose uno a otro, diciéndose emocionados: "¡Ahí está, ahí está! Ése es el que una vez vi de lejos sanar a un paralítico. Seguro Él nos puede ayudar".

Jesús estaba a punto de sorprenderles. Les abriría camino para salir de su decepción. Por eso no sólo les escuchó, sino que se detuvo en el camino. Debemos recordar que cuando clamamos a Él en medio de nuestra angustia, Él no sólo nos escucha, sino su intención es responder. Dios desea responder a tu clamor. Fíjate que aunque pudiera sorprenderte, Dios no se mueve sólo por necesidad. Dios se mueve y responde cuando la necesidad se une al clamor.

"Busqué al Señor, y él me respondió; me libró de todos mis temores" (Salmos 34:4).

"Clama a mí y te responderé, y te daré a conocer cosas grandes y ocultas que tú no sabes" (Jeremías 33:3).

Dios responde cuando en medio de nuestra condición y desesperación, reconocemos el poder que hay en Él para levantarnos y responder a nuestra necesidad. Él se compromete derramando la única gracia y favor que no es limitada por ninguna de nuestras limitaciones. Su amor se manifiesta a nosotros justo cuando lo necesitamos, al ver que decidimos ver más allá de lo que tenemos delante, y decirle: "Yo sé que tú puedes. Tal vez no vea salida, pero en ti hay salida. Tú puedes, Señor, Tú puedes". ¿Lo crees?

Hay que caminar

Allí en aquella aldea, Jesús se detuvo. El programa del día se ponía en pausa por unos diez que clamaban como si fuera lo único que tuvieran en la vida. Cuando Jesús se detuvo, los miró con compasión y respondió con una instrucción muy sencilla.

"Al verlos, les dijo —Vayan a presentarse a los sacerdotes" (Lucas 17: 14).

Las voces de ángeles y la música de los violines que oyeron de fondo cuando Jesús se detuvo, se interrumpió cuando escucharon la simple instrucción. "¿Ah? ¿Cómo?", probablemente pensaron. Los diez se miraron con caras de asombro, preguntándose: "¿Vayan al sacerdote? ¿En serio?" Uno pudo haber dicho: "Pero yo pensaba que Jesús iba a acercarse, tocarme y decir esas palabras, 'Sé sano'. Esperaba un momento especial donde algo sobrenatural pasara. Pero, ¿ir al sacerdote? ¿Qué es eso?"

Para muchos fue sorpresiva la respuesta de Jesús. Él les estaba abriendo camino; sólo que no era como ellos esperaban. Dios es así. Él cumplirá lo que ha prometido, pero no siempre como esperamos. Dios es un experto en romper lo habitual.

Ir al sacerdote significaba correr al lugar donde les certificarían la sanidad. Allí se les daría la autorización para regresar a su vida como la habían conocido antes de la marca. Me los imagino preguntándose: "¿Cómo iremos al sacerdote si todavía Jesús no nos ha sanado?" Este milagro iba a requerir una dosis especial de fe y una porción de obediencia. Es que la obediencia siempre logra grandes cosas.

Tal vez sin entender mucho lo que estaba ocurriendo, decidieron hacer lo mejor que pudieron hacer en esa situación: caminar. Hay sanidades que Dios trae a nosotros. Hay otras sanidades que Dios nos pide que caminemos hacia ellas. Esta última era uno de esos casos.

El caminar requería poner la fe en obra. Necesitamos entender que hay veces que lo que nos limita no está afuera, sino dentro de nosotros. Muchas veces no nos limita nuestra enfermedad, falta de recursos, pobreza o necesidad. A veces nos limita la falta de determinación para caminar y salir de nuestra pasividad y conformismo.

Jesús les pedía a ellos que caminaran, y que al caminar quebraran esa pasividad y conformismo que abrigaban. Así como les ocurría a los leprosos, nosotros nos acostumbramos a vivir lejos cuando Dios tiene para nosotros un rol activo en la cancha. Dios busca a aquellos que estén dispuestos a salir de las gradas y a abandonar la mentalidad de espectador. Dios nos pide que entremos de lleno al juego.

"Resultó que, mientras iban de camino, quedaron limpios" (Lucas 1:14).

Fiesta en el desierto

Mientras caminaban sin entender lo que sucedía, uno de ellos vio una de sus marcas borrarse de su mano. No lo pudo creer. Nunca pensó que algo así le podía pasar. Miró al suelo, y mientras caminaba vio que desaparecía la marca que tenía en el pie derecho. Quedó sin palabras. Cuando trató de hablar, fue interrumpido.

"¡Ahhhhhhh!", se escuchó el grito en frenesí que daba uno de ellos. Otro más había visto desaparecer una de sus llagas. Primero, una, luego dos. Poco a poco, cada marca que evidenciaba su enfermedad y rechazo fue borrada de sus cuerpos. La celebración comenzó. El árido desierto y candente sol no pudieron contener el estallido de fiesta y gritos. Comenzaron a reír, a llorar y a pensar. No podían creerlo. Por fin se les daba lo que por tanto tiempo habían esperado.

Cada uno de ellos tenía tanto tiempo perdido que deseaba recuperar. Uno pensó en el padre que estaba a punto de morir y cómo

SI ACASO SE ME OLVIDA

había deseado estar a su lado. Otro pensó en la niña que estaba en su hogar. ¡Cuánto deseaba ir a abrazarle y decirle que cada minuto del día que pasaba estuvo pensando en ella! Por fin, nada lo alejaba. Nada podía detenerlo; ya podía abrazarla.

Uno quedó en silencio mientras todos celebraban. Pensaba en los sueños de su juventud que quedaron atrás. Pensaba que la enfermedad le había robado todo lo que siempre había deseado alcanzar. ¡Cuánto anhelaba darle lo mejor a su familia! Pensaba en su esposa y se preguntaba: ¿Todavía tendré tiempo para restaurar el daño que la distancia provocó? Sin pensarlo un segundo más, corrió.

Mientras el resto celebraba, uno salió sin encomendarse a nadie. Todos se sorprendieron. No sabían por qué se había ido sin despedirse. Corrió con fuerzas y más fuerzas. Sabía que debía hacerlo. Justo cuando pensó que ya no le quedaban fuerzas, lo divisó a lo lejos. Cuando lo vio a la distancia, gritó a fuerte voz.

"Uno de ellos, al verse ya sano, regresó alabando a Dios a grandes voces. Cayó rostro en tierra a los pies de Jesús y le dio las gracias, no obstante que era samaritano" (Lucas 17:15).

Era tanto el ímpetu que llevaba, que cuando se encontró frente a Jesús, no pudo hacer otra cosa que tirarse a sus pies. Cayendo con rostro en tierra, se sujetó de Él y le dijo simplemente: "Gracias". Era como si al regresar le dijera: "Jesús, no puedo seguir con mi vida sin recordar quién fue el que me dio esta sanidad. Necesito recordar cuando esté con mis hijas en casa, quién quebró la distancia y la lejanía que nos separaba. Necesito regresar a ti para reconocer que es por ti que estoy aquí".

Mientras levantaba su rosto empapado de lágrimas y polvo, Jesús, sujetándolo, lo mira tiernamente y le pregunta:

"¿Acaso no quedaron limpios los diez? —preguntó Jesús—. ¿Dónde están los otros nueve? ¿No hubo ninguno que regresara a dar gloria a Dios, excepto este

extranjero? Levántate y vete —le dijo al hombre—; tu fe
te ha sanado" (Lucas 17:17-19).

Me imagino a este hombre tratando de encontrarle el sentido
a aquellas preguntas inesperadas que Jesús le hacía. Me imagino
a aquel hombre tratando de explicarle al Maestro: "Pero, yo estoy
aquí, ¿por qué me preguntas por los demás? ¿No ves que regresé?
Aquí estoy yo. ¿Qué se supone que haga con los que no vinieron?"
Me imagino a este hombre en el suelo, desconcertado y confundido.
¿Por qué se le ocurría a Jesús hacer semejante pregunta? Máximo,
después que había regresado dando voces, gritando entusiasmado
en agradecimiento. ¿Y así Jesús le responde?

A primera vista, las preguntas parecían innecesarias. Sin
embargo, había tanto en estas preguntas que el Maestro le estaba
haciendo. En ellas trataba de grabar una marca profunda en el
corazón de este hombre. Deseaba dejarle una lección que debía
recordar y mantener consigo para siempre.

Estas preguntas resumen algunos puntos que nos deben hacer
pensar. Si fueron diez los que pidieron y recibieron sanidad, ¿cómo
es que sólo uno regresó a mostrar su agradecimiento? Las preguntas que nos hacemos tienen la virtud de hacernos observar las
cosas desde diferentes ángulos.

Con estas preguntas, Dios nos presenta que aunque muchos son
los que reciben el favor de Dios, no todos mantienen un corazón
agradecido. Muchos olvidan. Otro ángulo de ver este punto es
que de cada diez bendiciones que recibimos de Dios, nueve se nos
pueden olvidar. ¿Será que cuando recibimos de su mano alguna
bendición, nos enfocamos tanto en lo que recibimos y en lo que esa
bendición nos permite disfrutar, que se nos olvida Dios? ¿Podría
ser que sin pretenderlo, sacamos a Dios de la ecuación?

Dios le afirmaba: "Es bueno que hayas regresado aquí hoy. Eso
es lo que debes hacer porque si no lo haces, te desconectas de mí
que soy quien te bendice". Jesús le estaba haciendo entender que
no debía permitir que la bendición le desviara la mirada de Él ni
su corazón se alejara del Dador de la bendición. Cuando digo que

debemos regresar, no estoy hablando de un espacio preciso, sino de una actitud del corazón.

Con esas preguntas, Dios le enseñaba una lección fundamental. Nunca, nunca, pero nunca olvides la importancia de vivir con un corazón agradecido. Hoy regresas aquí, pero necesito avisarte que pasando los días te podría pasar como a los otros nueve, que no regresaron. Se olvidaron del camino que les dio la sanidad. Seguro que ellos podrán disfrutar de la sanidad que reciben, pero con el tiempo se les olvidará los días que vivieron como leprosos y perderán el sentido de la sanidad que disfrutan. Sin darse cuenta, habrán permitido que la bendición se les convierta en una maldición.

¿Cómo puede ser eso? ¿Podría pasar el tiempo y perderse la mejor parte de la sanidad? Sí. La mejor parte no está en la bendición, ni la libertad, sino en vivir conectado a aquel que da toda sanidad. Para estos leprosos que con tanto ímpetu pidieron sanidad en medio de su desesperación, la misma sanidad les hizo olvidar al Dador de la sanidad. Disfrutando tanto de lo que habían recibido, que olvidaron cómo lo recibieron.

"En mi angustia invoqué al Señor, y él me respondió" (Salmos 120:1).

¡Que nunca se nos olvide que sólo Él es la fuente de toda bendición que hoy disfrutamos! ¡Que no perdamos la conexión que un día nos permitió ver nuestra vida cambiar para siempre!

Hay un detalle en esta historia que podría pasar desapercibido, pero es necesario resaltarlo. Este hombre que regresó no era judío; era un extranjero. Seguro los otros, por ser judíos, sentían que merecían la sanidad que habían recibido. Sin embargo, aquel que sabía que no merecía la bendición que recibió, regresó para agradecer.

Necesitamos regresar a Dios con la actitud correcta

La acción de gracias guarda al corazón de sentirse que lo que hemos recibido, nos hace superiores a otros. Nos libera de la actitud orgullosa que grita: "Sí, tú te lo mereces". Esa actitud puede empañar nuestro enfoque y percepción de por qué Dios nos dio la sanidad.

Jesús le dijo al leproso: "Levántate y vete". No hay duda de que la actitud de este hombre le dio una perspectiva renovada en todo lo que haría de ese momento en adelante. Sus días secos quedarían en el pasado. Este hombre se levantaba y salía de aquel lugar con un corazón avivado. Sus abrazos ya no serían los mismos. Su trato con su esposa cambiaría. Sus prioridades sufrirían una transformación. Todo por regresar con el corazón agradecido.

Otro punto interesante de esta historia es que, aunque los diez recibieron la misma sanidad, sólo éste que regresó con agradecimiento, recibió una porción mayor. En esta versión que acabamos de leer relata que Jesús, luego de hacerle las preguntas, le dijo: "Tu fe te ha salvado".

Muchos se conforman con recibir de Dios la porción que afecta sólo lo superficial. Los nueve leprosos son ejemplo de este tipo de persona. Sin embargo, éste que regresó a dar gracias pudo recibir aún más. Recibió la recompensa que afectaba no sólo su condición externa, sino también interna. Por haber cultivado una actitud de agradecimiento, recibió una porción de sanidad que cubría su cuerpo, su alma y su espíritu.

"Tu fe te ha salvado". Les confieso que cuando leí este pasaje por primera vez, jamás pensé que Jesús le dijera que su fe lo había salvado. No porque Jesús no lo pudiera decir, pues reconozco su autoridad, sino porque no tenía claro que el agradecimiento es una manifestación de nuestra fe. Cuando alguien dice tener fe, debe expresar una muestra de agradecimiento que acompañe su fe. Una de las primeras cosas que se manifiesta cuando se debilita nuestra fe, es la falta de agradecimiento. Gente llena de fe agradece a Dios, a sus familias y a aquellos que les sirven o ellos sirven.

Esta confesión de Jesús nos deja saber que el agradecimiento abre puertas y logra conquistar lugares especiales en el corazón de Dios. Nuestras motivaciones, intenciones y prioridades reciben un renuevo en nuestro corazón. Eso sucede cuando intencionalmente cultivamos una actitud de agradecimiento.

Recuerda para responder en amor

> "Por lo cual te digo que sus muchos pecados le son perdonados, porque amó mucho; mas aquel a quien se le perdona poco, poco ama" (Lucas 7:47 RV).

"¿En serio? ¿Cómo? Jesús, ¿podrías repetir eso?" Me imagino a los que estaban allí escuchando las palabras de Jesús, un poco confusos al escuchar tal afirmación.

Los entiendo. Cada vez que leía esta porción, me sorprendía al ver cómo Jesús categóricamente decía que al que no le fuera perdonado mucho, amaría poco. Después de mucho tiempo buscando el sentido de esta declaración, un día lo recibí.

Siempre me costaba entender a Jesús porque pensaba que lo que Él decía era que para amar a Dios mucho, tenía que haber sido perdonado de muchas cosas horribles. El Dios que yo había creado en mi mente no podía estar diciendo esto. Me parecía una invitación a pecar más y más, para poder amar más a Dios. Terminaba preguntándome: ¿Y si mi pasado no se compara con otros que han tenido una vida oscura y llena de pecados horribles, qué se supone que haga? Porque si es así, pareciera que Jesús estaba definiendo que ser el mayor en amor, pasión y fe, estaba destinado sólo para gente con pasados horrorosos.

¿Será eso lo que quiso decir Jesús? ¡Si pecas más, me amarás más! ¿O será que Jesús estaba definiendo dos tipos de respuestas a su amor? Pienso que es la segunda. Al evaluar sus palabras, me percato de que Jesús deseaba darnos a entender que hay quienes son perdonados, pero no tienen en cuenta cuán grande fue el perdón que se les dio. Muchos no recuerdan cuánto fueron perdonados y es muy pobre su respuesta en agradecimiento.

El que no tiene claro lo mucho que se le ha perdonado, no podrá agradecer correctamente. El que olvida lo que Dios ha hecho por él, tendrá una respuesta de amor empobrecida. No podrá amar correctamente. No podrá tener un sentido claro del privilegio de haber sido perdonado por Jesús, y lo que costó ese perdón. El que olvida, no valora, y no sabrá agradecer ni amar como merece ese amor. El que sabe cuánto fue perdonado sabe que no merecía tanto amor, y vive agradecido y apasionado por Dios.

No se trata de cuánto somos perdonados, pues para Dios, perdonar uno de tus pecados costó lo mismo que perdonar cien. Más bien se trata de valorar el perdón de Dios. Eso me da la capacidad de vivir agradecido, y a su vez me lleva a admirarle y amarle más.

Mi pasión está ligada a cómo yo valoro lo que han hecho por mí. Sobre todo, lo que Dios ha hecho por mí.

Alínea tus emociones con tus acciones

"Entren por sus puertas con acción de gracias; vengan a sus atrios con himnos de alabanza; denle gracias, alaben su nombre" (Salmos 100:3-4).

Cuando hablamos de ser agradecidos, muchas veces identificamos esta virtud con un sentimiento. Al no sentirnos agradecidos, podríamos no expresar gratitud. No obstante, el diccionario define agradecimiento como el *sentimiento o muestra de gratitud por algo recibido*. La gratitud requiere una muestra, una evidencia y no sólo el sentimiento. El que dice tener gratitud debe tener una actitud de agradecimiento.

Por un lado, pensamos que para ser agradecidos debemos sentir el agradecimiento. No nos damos cuenta de que para sentirnos agradecidos, debemos primero ofrecer una muestra de agradecimiento. Entonces te sentirás agradecido. Si no sientes agradecimiento, esfuérzate y ofrece una muestra de agradecimiento. Muchos podrán decir que hacer esto es ser hipócrita, pero no es cierto. Esto es alinear tus emociones con tus acciones. Es decirle a tus sentimientos que ésa es la virtud que quieres cultivar. Yo mostraré mi gratitud y tú seguirás. Ligas tu emoción a tu acción.

Debemos reconocer que es un ciclo. Si sientes gratitud, podrás mostrarla. Si brindas una muestra de agradecimiento, sembrarás acciones que lleven tus sentimientos a alinearse con la acción de gratitud.

En los días donde no sientas gratitud, procura sembrar, cultivar y ejercitarte en la virtud que protegerá tu corazón de la queja e indiferencia. El poder del agradecimiento afectará todas las áreas de tu vida. Vivir agradecido bendecirá todas tus relaciones.

Debemos buscar herramientas que nos ayuden a conservar esta virtud.

Rincón de aliento

Yo también he necesitado cultivar mi corazón. He tenido que tomar medidas para cuidar y animar mi corazón cuando las cosas no parecen estar de mi lado. Cuando llegan el cansancio, la fatiga y la ansiedad, queriendo robar mi actitud de agradecimiento, corro a llevar a cabo las prácticas que me ayudan a guardar mi corazón. De antemano, ya he hecho provisión para días como éstos.

He preparado, tanto en mi oficina como en mi hogar, espacios para atesorar cartas de agradecimiento, notas de ánimo y memorabilia que me ayudan a avivar el aliento en el día de la necesidad. En ocasiones, el corazón se ha cansado y pregunta si será necesario todo el sacrificio que invertimos. En esos momentos, corro a uno de esos rincones y tomo una o varias de las notas o cartas que he puesto allí.

Mientras las leo, comienzo a recordar por qué hago lo que hago. Algo sucede mientras leo cada escrito. Mi corazón comienza a avivarse muy adentro. Recuerdo el por qué de lo que hago, las victorias que he alcanzado, la gente agradecida y los momentos que me han marcado. En un instante, el corazón, que se encontraba cansado, se vierte en risas y lágrimas, y siempre concluyo animado por Dios. Comienzo a dar gracias a Dios y veo que se renueva en mí la pasión.

El agradecimiento tiene la gracia de entusiasmar y contagiar. Por eso, cuando me encuentro en ese momento, continúo el ciclo para que otros sean animados como yo. Con una corta llamada, una nota o un correo electrónico, aprovecho el momento para dar a otros por gracia, lo que por gracia he recibido. Me ejercito en la virtud de agradecer.

Necesitamos cultivar una vida llena de agradecimiento, tanto en los días de risas como en los de interrogantes y tristezas. Esto te ayudará y renovará tu corazón. ¡Que todo lo que hagamos muestre el agradecimiento que tenemos por lo que hemos recibido y lo que se nos ha dado!

El agradecimiento brinda muchos beneficios que debemos guardar y atesorar:

1. Abre puertas en nuestra vida y en nuestras relaciones.

2. Te permite tener una vida enfocada.

3. Te ayuda a mantener un corazón agradecido y avivada tu fe.

4. Nos libra de la queja que contamina el corazón.

5. Brinda una perspectiva centrada en la vida.

6. Nos ayuda a recordar y a traer a memoria cómo llegamos a donde estamos y para qué.

7. Nos ayuda a alinear nuestras emociones con nuestras acciones. En tiempos de decepción, nos ayuda a tomar decisiones con una mente más clara.

Varios puntos que debemos recordar:

1. Dios no se mueve por una necesidad. Es movido a compasión cuando la necesidad se une a un clamor.

2. Debemos recordar que si clamamos, Dios responderá.

3. Hay ocasiones que para recibir nuestra sanidad debemos caminar; salir de nuestra conformidad.

4. Una vez recibamos nuestra sanidad, debemos regresar para mostrar nuestro agradecimiento.

5. Debemos ser expresivos en nuestro agradecimiento.

6. Una vida de agradecimiento mantiene sano el corazón.

7. Aunque muchos recibamos una bendición, los que regresan a agradecer reciben una recompensa mayor.

Te invito a que hagamos esta oración:

Gracias, Señor, por transformar mi mundo cada día. Yo reconozco que a ti debo mi vida, mi familia, mi salud y todo lo bueno que disfruto. Ayúdame a mantenerme en un espíritu de gratitud, primero hacia ti, y hacia cada persona que me regala lo mejor de sí. Amén.

capítulo 7

Sentido de privilegio

NUNCA LO HUBIERA esperado. Era un día muy ordinario. El sol saldría como siempre. Nada fuera de lo común parecía suceder. Al despertar, el reloj sonó igual que todas las mañanas. Como de costumbre, presionó el botón que le daría diez minutos de gracia en la almohada. ¿Quién no ha hecho eso?

Cuando ya no le quedaba más remedio, se levantó y con tristeza, dejó atrás su cama. Sabía que si no lo hacía, podría llegar tarde a su trabajo nuevamente. Esto le podría costar caro. Quería evitar otro señalamiento de su supervisor.

Se levantó con queja en sus labios. Era evidente que todo en su vida le pesaba. No le gustaba la casa donde vivía hace años. La relación con su esposa no era igual. La carrera que por años había soñado se había quedado en la nada. Ya no tenía la pasión ni el entusiasmo que solía tener los primeros días. Cada noche, justo antes de dormir, se convencía a sí mismo de que algún día, algo nuevo llegaría que le cambiaría la vida. Esperaba que algo nuevo llegara, pero todo seguía igual. Estaba seguro de que su vida cambiaría cuando eso nuevo llegara.

Luego de tomar su café, como siempre, se despidió de su esposa. Salió de la casa, miró al buzón y se dio cuenta de que tenía correspondencia. Las cosas estaban apretadas económicamente y no sabía qué hacer. Sólo esperaba no encontrar otra factura inflada. Miró entre la correspondencia, y encontró un sobre particular que sobresalía entre todos. Un sobre elegante, blanco y con un sello dorado. Éste le llamó la atención. Echó a un lado todas las demás cartas y se sentó a leerla.

No podía creerlo; era una invitación para el banquete presidencial a llevarse a cabo en la casa del Presidente. Nunca había sido invitado para algo así. Rápidamente se preguntó: "¿Yo con el Presidente? ¿Tendré en casa la ropa adecuada?"

Entre tantas preguntas surgió una mayor: "¿Por qué me estarán invitando?" Fue entonces que se convenció de que esa invitación no podía ser real. No había nada especial en su vida para que lo invitaran a la casa presidencial. Camino a la oficina, llamó al número de teléfono que tenía la carta, para confirmar su asistencia. Cuando preguntó por el evento, confirmó lo que nunca imaginó. El evento era real. La invitación era oficial y sí, había sido invitado por el presidente para el banquete.

Estaba emocionado y a la misma vez nervioso. Era un privilegio. Nunca imaginó que sería invitado oficial de la casa del gobierno Nacional. Sabía que sólo personas importantes eran invitadas por el Presidente a tales eventos. Estaba maravillado; este tipo de cosas nunca le pasaban a él.

El día menos pensado

Desde que recibió la invitación, todo en su vida cambió. Todas sus conversaciones giraban alrededor de la gran invitación. En los últimos días antes del tan esperado evento, repasaba en su mente qué vestiría, cómo entraría y sobre todo, qué hablaría.

El día menos pensado había llegado. Finalmente, llega a la gran puerta y se encuentra con los guardias de seguridad. Le piden identificación. Casi sin poder contener las emociones, la entrega. Buscan su nombre en la lista oficial. No aparece. Él mira al suelo y se dice a sí mismo: "Yo sabía que esto era muy bueno para ser real". El oficial hace una llamada y luego de varios gestos, cuelga el teléfono. Lo mira fijamente a los ojos y le dice: "Puede pasar, siga hasta el vestíbulo". Pasa con asombro, todavía sin creer lo que está sucediendo.

Al llegar al vestíbulo, se encuentra con una serie de personalidades reconocidas en todo el país. La única pregunta que pudo hacerse en ese momento fue: "¿Qué hago yo aquí? He sido preso de la rutina y nunca he hecho nada fuera de lo ordinario". No sabía por qué estaba allí. Sólo pudo dar gracias por el privilegio que se le concedía. Le sobrevino un sentido de honor que no pudo contener. Mientras se entretenía mirando los gigantes cuadros colgados en la pared, se abre una puerta. Era el mayordomo, dando la orden oficial. El banquete comenzaría. Todos estaban siendo invitados a pasar. Todos a una se ponen de pie y se dirigen al salón principal. Sin embargo, él deja que todos pasen y es el último en entrar. No sabía qué hacer, así que prefirió dejar que todos pasaran adelante, y así hacer lo que los demás hicieran.

Al entrar pudo ver que había una gran diferencia entre su acostumbrada vida y todo lo que experimentaría hoy. "¿Qué hago aquí?", seguía preguntando. Pensaba en sus padres, sus hermanos y abuelos. Todos se habían criado soñando en un día como éste. A la distancia, en su humilde residencia en el barrio, sólo podían imaginar cómo era la casa presidencial. Sin embargo, hoy él estaba adentro. Se sentaría con el Presidente en la misma mesa. No podía contener el sentido de privilegio que tenía. Cuando quedó la última silla disponible, se sentó en ella.

Justo cuando estaba tratando de encontrarle sentido a todos los utensilios que tenía delante en la mesa, anunciaron la entrada del Presidente. Todos se pusieron en pie. Él hizo lo mismo. Se sentaron y comenzaron la cena. Dejó que todos eligieran primero a la hora de llenar sus platos de alimentos. No importaba si podía comer o no. Lo que importaba era que estaba sentado en la misma mesa del Presidente. Sin embargo, todo lo que probó le sabía divino. El arroz tenía que ser exportado, la carne no tenía comparación y el pan, ni hablar.

Al rato recibió una señal. Uno de los de seguridad le indicó que debía sentarse en otra silla. Rápidamente, se percató que era la silla justo al lado del primer mandatario. El Jefe Nacional quería conversar con él. ¿Cómo podría ser? Quiere hablar conmigo. ¿Qué diré? ¿Qué hablaré? Temeroso, se acercó y se sentó a su lado. Platicaron por un rato.

Al terminar la velada, el Presidente lo miró y le dijo: "Me gustaría poder compartir un rato más. Hay algunas cosas en las cuales me podrías ayudar. ¿Podrías venir mañana?" Quedó sin palabras. ¡Qué honor! No le importó si tenía o no compromisos. Ésta era una invitación a la que no se podía negar. La contestación fue clara y contundente. "Será un honor, aquí estaré, señor Presidente". Había hallado un propósito anhelado en su vida.

A la mañana siguiente cuando sonó la alarma, ya estaba listo para salir a enfrentar el mundo. En el trabajo todo se veía diferente. Él mismo estaba diferente. Todos se dieron cuenta de que algo había cambiado. Ahora trabajaba con un entusiasmo particular. Ya no había queja, ya no arrastraba los pies, y su mirada no se quedaba vagando como solía hacerlo.

Cuando llegó la hora, ya se encontraba esperando en la gran entrada del Palacio. Le pidieron la identificación y la entregó. Ahora conocía cómo todo corría. La puerta de seguridad, los guardias, la inspección, el vestíbulo y el salón oficial. Se comenzó a sentir cómodo con todo esto. Esa noche fue espectacular. La comida era única, el trato especial y el servicio extraordinario. Se sentía en el tope de la montaña.

Cuando concluyó la noche, el Presidente le hizo otra invitación. Era para la semana entrante. Estaba llevando a cabo un proyecto para comunidades como en las que él se había criado. Las vidas de muchas personas serían tocadas. Su aportación sería muy valiosa. Éste era el sueño de su vida. Siempre había deseado ayudar a aquellos que vivían en le escasez que él vivió un día. Fue por eso que aceptó.

Pasa el tiempo

Algo sucedió. Según pasaba el tiempo, ya las cosas no parecían iguales. El trato en la casa presidencial era el mismo. La comida en el banquete era igual, pero no le sabía como antes. El servicio era único, pero ya no lo disfrutaba de la misma manera. Algo estaba cambiando.

Una tarde cuando llegó a la puerta del Palacio, el guardia lo recibió igual que todos los días. Le pidió la identificación y por alguna razón, en esta ocasión se incomodó. Cuando el guardia le dijo que su nombre no aparecía en la lista, algo se desató dentro de él. Se enfureció y exigió explicaciones. A nuestro amigo se le olvidó que la vida siempre nos provee muchas maneras para hacer regresar nuestro corazón al lugar donde necesita estar. Sólo debemos estar alertas.

Finalmente lo dejaron entrar, pero estaba vez caminaba con queja e incomodidad. Cuando llegó al vestíbulo, miró las caras. No reconocía a ninguna. Cuando llegó el mayordomo anunciando que entraran, exigió que se le dejara entrar primero. Muchos quedaron sorprendidos con la actitud que asumía nuestro amigo. Aún así lo dejaron pasar.

Cuando entró al salón principal, se sentó en la silla justo al lado de donde el Presidente se sentaría. Por alguna razón, todo le parecía más tedioso que antes. "¿Por qué se tardan tanto?" preguntó. "Esto no se supone que sea así". El Presidente llegó y ya él estaba molesto. Le costó todo el protocolo. "¿Por qué no avanzan?" Cuando sirvieron la comida, no le supo igual. Aún se escuchó una y otra queja del banquete. Ya no tenía aquel toque especial que tuvo la primera vez cuando llegó allí. Ahora encontraba faltas en todo.

Cuando terminó la noche, el primer mandatario se le acerca y le comenta que se han hecho muchos adelantos en el proyecto que han estado trabajando. Le añade que desea reunirse con él aparte, luego de la cena. Le pregunta si puede disponer de tiempo para que se reúnan.

Nuestro amigo, tratando de esconder su decepción, mira al Presidente a los ojos y le contesta de manera inesperada: "Perdone, Presidente, es que tengo tantas cosas qué hacer. Me tendré que ir". Allí mismo dejó el café que tenía en la mano y se marchó. Nunca más regresó. Nunca más se le volvió a ver. Su silla quedó vacía.

No fue que se le olvidó el camino a la casa presidencial. Lo que se le olvidó fue lo que le llevó allí por primera vez. Había perdido el sentido de privilegio.

¿Dónde nos perdemos?

Tal vez te ha pasado como a nuestro amigo. Sé que a mí también me ha ocurrido. Podría enumerarte varios momentos. Lo podemos ver cuando empezamos con tanto entusiasmo alguna etapa de nuestra vida, animados por todo lo nuevo y fresco que ella nos trae. Sin embargo, pasando el tiempo, algo sucede. Lo que solía traer tanta pasión y alegría, ahora sólo provoca quejas, pesadez y resentimiento. Nunca supimos cómo fue, pero sí nos dimos cuenta de que algo pasó en el camino. Perdimos algo, pero no podemos identificar cuándo fue. ¿Por qué no nos dimos cuenta? ¿Qué fue lo que se perdió en el camino?

La entrega que solíamos tener es sustituida por una dejadez. La pasión por excelencia es reemplazada por indiferencia. Éstas no cambian de la noche a la mañana; muchas veces llegan poco a poco, como gota en el suelo que suave e insistentemente corroe el concreto.

El que pierde este sentido de privilegio pierde un fundamento valioso para su vida. El sentido de privilegio nos brinda enfoque, sentido de agradecimiento y propósito. Todos son elementos necesarios en nuestra vida.

Beneficios de cultivar un sentido de privilegio:

1. Enfoque - Nuestro enfoque nos brinda claridad a la hora de enfrentar tiempos de dificultad. Nos ayuda a elegir cuáles son las cosas que guardaremos en nuestro corazón para cultivar nuestra pasión. Nos brinda norte en nuestras motivaciones y claridad de prioridades.

2. Agradecimiento – Si eres agradecido, mantienes tu corazón en una clara perspectiva de las experiencias que tienes en esta vida. Cuando abunda el agradecimiento, la queja no encuentra lugar en tu corazón. La queja distorsiona la realidad y el agradecimiento

trae claridad. La queja debilita, el agradecimiento fortalece.

3. Claridad en propósito - Cuando vivimos claros en nuestro propósito, sabemos qué podemos hacer y cómo somos más útiles. Reconocemos las cualidades que tenemos para poder cumplir nuestra asignación de vida. Esto nos brinda un terreno fértil para cultivar una pasión sana. No tener claro nuestro propósito puede provocar que nos comparemos con otros. Esto es sumamente peligroso. Cuando nos comparamos, podríamos menospreciar las cualidades únicas que Dios nos ha dado. Cada asignación divina trae consigo dones y cualidades específicas para cada llamado.

¿Habrá algunos de estos beneficios que necesitas añadir a tu vida?

La voz de tu GPS

Escuché a alguien comentar una vez que la vida sería más fácil si en ella tuviéramos algunas señales que nos indicaran cómo vamos en el camino. Sería mejor si al manejar los asuntos de la vida tuviéramos una voz, como la del GPS (sistema de rastreo), que nos dirijan y nos dejen saber cuándo nos estamos alejando de la ruta que nos llevará a nuestro destino.

Claro que sería más fácil. Ahora, ¿sabes qué? La vida sí tiene indicadores. Sólo que no son aparatos electrónicos, sino situaciones, conflictos, momentos en nuestras relaciones, actitudes que asumimos, y en ocasiones, la falta de paz interior. Ésas son algunas de las señales que se nos presentan en el camino para sacar a la luz nuestra condición interior. Son los momentos donde nos vemos tal y como estamos.

He aprendido que Dios desea hablarnos en medio de cada momento de nuestras vidas, aún en los tiempos más difíciles que podríamos experimentar. El Salmo 77 nos regala la siguiente declaración:

"Las aguas te vieron, oh Dios,
las aguas te vieron y se agitaron;
el propio abismo se estremeció con violencia.
Derramaron su lluvia las nubes;
retumbaron con estruendo los cielos;
rasgaron el espacio tus centellas.
Tu estruendo retumbó en el torbellino
y tus relámpagos iluminaron el mundo;
la tierra se estremeció con temblores.
Te abriste camino en el mar;
te hiciste paso entre las muchas aguas,
y no se hallaron tus huellas"
(Salmo 77:16-19).

El salmista, de manera muy transparente, nos presenta uno de los momentos más inciertos de su vida. No sabía qué hacer ni cómo reaccionar. En medio de todo su conflicto y decepción, se vio abrumado con todo lo que vivía. Podríamos llamarle hoy, demandas de la vida, presiones de la crisis financiera, decepciones, conflictos matrimoniales o familiares. Cualquiera que haya sido el conflicto, aquí describió lo que muchos hemos sentido.

Al enfrentar nuestros problemas, debemos cuidarnos de no permitir que la crisis nos robe lo más valioso que tenemos: nuestra fe. La fe nos ayudará a dirigir nuestros pasos, a poner en perspectiva la realidad que vivimos y a lograr ver más allá de la situación que tenemos delante.

Son muchos los que he visto tomando decisiones permanentes en medio de situaciones temporales. Sus vidas son marcadas para siempre por una decisión que tomaron en medio de una crisis que tenía sus días contados. No pudieron ver más allá de la tormenta. No pudieron elevar su mirada en el día de la aflicción.

Un principio que nos presenta este Salmo es que cada torbellino trae consigo la voz de Dios. Ésta no es cualquier voz. Esta voz es como estruendo. Dios hará todo lo que necesita hacer para llamar nuestra atención en medio de la adversidad. La pregunta es, si su voz es como estruendo, ¿por qué se nos hace más fácil escuchar al torbellino, que al estruendo de Dios?

Hay varias razones: una, porque nos hemos acostumbrado a lo que vemos. El torbellino se ve y es notable su daño o peligro. Se requiere un esfuerzo mayor para escuchar, que para ver. ¿Has visto alguna vez personas que para escuchar mejor tienen que cerrar sus ojos? Podría parecer gracioso, pero lo que intentan hacer es ajustar las prioridades de sus sentidos.

Necesitamos desarrollar la capacidad de pasar tiempos con Dios para aprender a distinguir su voz en medio de cualquier torbellino. Cuando comienzas a distinguir su voz, la reconoces en medio de cualquier situación, y podrás prestarle la atención debida.

Cuando no tenemos la expectativa de que la provisión y dirección de Dios estarán presentes en medio de cada conflicto, se nos hará difícil apartar nuestra mirada del problema. En conclusión, así como cada crisis nos trae una oportunidad para ver la provisión de Dios, cada conflicto nos revela la voz de Dios necesaria para dirigir nuestras vidas. Esa voz nos ayudará a detenernos y tomar las decisiones necesarias. La pregunta que debemos hacernos en el día del conflicto es: ¿Escucharemos la voz de Dios o seremos atemorizados por el torbellino?

Para pensar:

1. ¿Dónde en el camino dejó de ser bueno lo que tanta alegría les trajo un día?

2. ¿Dónde se perdió el sentido de deleite en lo que hacen?

3. ¿Qué fue lo que hizo que el deleite se escapara del matrimonio?

4. ¿Por qué el trabajo que trajo tanta satisfacción en un principio, ahora se convierte en la razón de tanta queja e insatisfacción?

5. ¿Has visto las señales en tu camino? ¿Qué mensaje te traen de parte de Dios?

Te invito a que hagamos esta oración:

Señor, enséñame a ver tus señales en el camino. Necesito aprender a escuchar tu voz en medio del conflicto.

Tiempo para definir

Una de las cosas que hace que nuestra visión de la vida cambie es cómo nosotros definimos lo que tenemos. Si definimos el trabajo como el lugar que nos brinda cansancio, lo que cosecharemos del trabajo es cansancio. Si lo vemos como un lugar donde puedo aprender y crecer, eso mismo sucederá.

He aprendido que el sentido de privilegio nos ayuda a permanecer con un enfoque saludable, pero no se mantiene ahí por siempre. Este sentido puede fatigarse debido a las responsabilidades, los afanes y los tropiezos.

El sentido de privilegio te mantiene agradecido y con deseo de vivir conforme al privilegio que se nos ha otorgado. Todos lo hemos experimentado. Lo percibe el padre al enterarse que nació su primer hijo. Al ver esa pequeña criatura perderse en sus brazos, reconoce que hay muchos que desean tener lo que él posee. Piensa en la gran responsabilidad de dirigir una vida y no puede hacer otra cosa que no sea agradecer a Dios por la oportunidad de tener un hijo. Eso es lo que el sentido de privilegio nos brinda: agradecimiento.

Este sentido lo experimenta el enamorado cuando después de estar meses tratando de conquistar a la admirada, logra recibir el "sí" que tanto anhelaba escuchar de ella. Se siente honrado de ser llamado su novio. Eso es suficiente. Una llamada lo hace el hombre más feliz del mundo. Nada en ese instante pareciera robarle esta pasión e intensidad.

Lo vive el médico que después de tantos años de estudio, logra abrir su práctica y atender a su primer paciente. Ver al enfermo llegar y poder ser útil para restaurar su salud le da sentido a todos sus años de esfuerzo. Eso es el sentido de privilegio. Saber que lo que haces tiene un propósito mayor en tu vida. La rutina de la vida no debería hacerte olvidar esto.

Esta virtud la vive el consejero que luego de desear ser útil para ayudar una familia, una noche luego de una sesión difícil e intensa, el esposo se detiene para pedirle perdón a su esposa. En esas palabras hay mucho más que un perdón. Para el consejero significan que todo el esfuerzo que hizo recobró sentido. Una familia recibe oportunidad, unos hijos reciben paz en su casa y a un consejero se le recordó que su pequeño esfuerzo logró grandes propósitos. Esto le da sentido a todo su esfuerzo.

Cuando perdemos este sentido de privilegio, nos convertimos en personas que nos fatiga lo que tenemos delante. Todo se convierte en un buen motivo para quejarnos. Cuando llegamos a este punto, hemos olvidado el sentido de privilegio.

Recuerdo una pareja que en una ocasión pidió hablar conmigo. Su matrimonio estaba pasando por un tiempo difícil. No entendían por qué, pero las cosas ya no eran iguales. Ella llegó con muchos resentimientos. Él no podía tolerar un segundo más de sus quejas. Sentía que ella era injusta. Con todo el esfuerzo que él había puesto para mejorar la relación, todavía, según él, ella estaba insatisfecha.

Las cosas no comenzaron bien. Acusaciones de lado a lado. Detuve la conversación y le pregunté a él si esto había pasado antes. Él me contestó que sí. Les pedí que me dieran un resumen de su historia. Ambos coincidieron en que ellos eran un milagro.

Les pregunté si la situación presente se parecía a las crisis anteriores. Ambos dijeron que no. Lo que habían vivido era mucho más fuerte de lo que vivían ahora. La pregunta no pudo esperar: "Si pasaron tantos momentos difíciles y los han sobrevivido, ¿por qué les cuesta creer que ahora puedan superar esta crisis?"

Me atreví a decirles: "Ustedes necesitan hacer el ejercicio de recordar. No pueden olvidar que son un milagro". Cuando se nos olvida que somos un milagro, cualquier adversidad es suficiente para derribarnos. Cuando no tenemos claro todas las batallas que hemos conquistado, cualquier amenaza es suficiente para hacernos derribar y amilanarnos. Sin embargo, cuando recuerdo que somos un milagro, eso nos da la fuerza y la fe para vencer cualquier obstáculo.

Ambos se miraron. Lágrimas bajaban por sus mejillas. Era evidente que algo entre ellos estaba cambiando. Habían recordado que aquello que los unía era mucho más poderoso que aquello que los podría separar. Como producto de ese ejercicio, la relación entre esta pareja cambió radicalmente. Todo comenzó cuando a mitad de camino decidieron detener el ruido y la velocidad de sus palabras, acusaciones y prejuicios, para recordar qué era lo que les había unido en el peor día de sus vidas.

Todo lo amargo puede ser dulce

Recuerdo una ocasión que viajamos para dar una conferencia fuera de nuestro país. El día había sido intenso. Tuvimos que guiar cerca de tres horas para llegar desde nuestra ciudad al aeropuerto internacional. El tráfico era de locura. Cuando llegamos, me sentía a punto de morir del hambre. Sabía que en el avión no me darían de comer, así que busqué un lugar dónde comer.

Encontramos un puesto de comida rápida. Cuando llegué al mostrador, mi mente estaba en automático. No pensé en consecuencias, ni en calorías. No pedí con la mente, sino con el estómago y con los ojos. Todo me parecía bueno, así que pedí en exceso. Cuando llegó la comida, me percaté que había pedido más de lo que podía comer. Al terminar de comer, me dirigí al avión. Estaba satisfecho. Aunque me ofrecieran lo más rico, yo no lo podía comer.

Cuando llegamos a nuestro destino, los coordinadores del evento me recibieron con los brazos abiertos. Mientras me abrazaban, me preguntaron: "¿Tienes hambre?" Antes de que pudiera contestar, me indicaron lo siguiente. "No hemos comido esperando que llegaras. Te vamos a llevar al mejor restaurante que conocemos". Cuando llegamos al restaurante, efectivamente, todo lucía exquisito. Sólo había un detalle. Yo no tenía hambre. Repito, no tenía hambre. Todavía tenía el estómago lleno de la comida rápida y de no tan buena calidad, con la que me atraganté en el aeropuerto antes de salir de mi país.

¿Qué iba a hacer? Sólo por el gesto que estaban haciendo, me vi comprometido a comer algo, aunque fuera poco. No fue mucho lo que pude comer. Eso fue lo que lamenté. Ése era el lugar ideal para llegar con hambre, pero yo no la tenía. Muchos de los platos eran de mis preferidos, pero no estaba en condiciones para deleitar mi paladar.

La Biblia nos advierte de momentos así. No sólo se trata de alimentos. Hay veces que perdemos el hambre por alcanzar más, servir con mayor intensidad y experimentar mayores glorias. Proverbios 27:7 nos declara:

"Al que no tiene hambre, hasta la miel lo empalaga; al hambriento, hasta lo amargo le es dulce" (Proverbios 27:7).

Al que no tiene hambre, ¿hasta la miel lo empalaga? Para aquel que ha perdido su apetito por cosas mayores en la vida, nada, por más valioso que sea, le brindará satisfacción. Eso es lo que sucede con aquel que ha perdido el sentido de privilegio. Al que olvida que lo que tiene lo recibió de la mano de Dios, se le hace difícil disfrutar cada momento, por más preciado que sea.

Escucharás este tipo de corazón lamentándose de que lo que vive no es suficiente. Lo verás levantando una queja, diciendo que no se esfuerza más porque nadie le motiva. Mira alrededor tratando de encontrar en otros la causa de su falta de contentamiento y motivación. Ya no tiene hambre por cosas mayores. Se le olvidó que todavía quedan montañas por escalar, sueños por trazar y metas por alcanzar.

La miel representa en las Escrituras una sustancia de valor, sustento, sanidad y comunión. ¿Cómo es que perdemos interés en lo valioso? ¿Cuándo pasó al olvido lo que sostuvo nuestra alma? ¿Dónde fue que se invirtieron las prioridades? ¿Dónde fue que una vida saludable dejó de ser deseable?

¿Cuándo fue que pensaste que era mejor abandonar la relación que por años cultivaste y echar a perder la comunión? ¿Cuándo fue que los hijos que amaste se convirtieron en una carga?

¿Dónde fue que tu alma dejó de tener hambre por tu Dios? ¿Cuándo fue que el hábito oculto te satisfizo más que el alimento de Dios? ¿Cuándo? ¿Cómo? ¿Dónde?

Hoy es tiempo de regresar. Son días de pedirle a Dios:

"Necesito regresar al corazón que un día tuve. Tú me conoces bien. Has visto mis decisiones y ellas me han hecho perder el sentido de honra. Necesito correr a ti. Sáciame, Dios con tu comunión, sanidad, alimento y porción. Vuélveme al corazón que vive cada segundo con un sentido de privilegio".

Mientras muchos desean ser saciados por Dios, a algunos se les olvida que sólo los que tienen hambre y sed de Dios serán saciados. Hay un pre-requisito para ser saciado: tener hambre y sed de Dios. ¿Tienes hambre? ¿Estás sediento? Dios desea saciarte.

"Bienaventurados los que tienen hambre y sed de justicia, porque serán saciados" (Mateo 5:6).

capítulo 8

Recuerda quién eres

ADIE SE LO podía imaginar. Todos quedaron asombrados cuando dijeron que había huido. Después de todo lo que había logrado, estaba dejando tantas victorias atrás. De tanto huir, ya ni se acordaba del camino de regreso. A veces de tanto correr, lo único que logramos es perder el sentido de las cosas. Uno puede acostumbrarse tanto a huir, que se le olvide cómo regresar al lugar donde una vez estuvo.

¿Cómo le pasó? Nadie supo explicar con precisión. Sí recuerdan saber que se corrió la voz de una amenaza. La incertidumbre y la ansiedad le impulsaron a correr. Desde ese momento, pensó que tendría que huir. Nadie lo defendería. Se le olvidó que había enfrentado mayores desafíos antes y cada uno de ellos los había vencido. Venció cada gigante con la certeza de que su Dios estaba a su lado. ¿Cómo fue que se le olvidó?

Todos habían quedado impresionados con lo sucedido. Nadie pensó que ese chico sería capaz de algo semejante. El silencio inundó aquel escenario al ver aquel gigante visitar el suelo ardiente y árido. El pequeño David había visto al gigante Goliat caer con sólo una piedra. Todo se paralizó cuando el gran sonido retumbó en aquel campo de batalla. El gigante había caído al suelo. Todos estaban sin palabras. Cuando vio que el grandulón estaba en mala condición, la muestra de la valentía de David no se hizo esperar. Sin esperar un segundo más, apretó el paso y corrió hacia el gigante caído.

David tomó la espada del gigante que estaba tirada en el suelo justo al lado. Allí con la misma arma que había intimidado a todo un ejército, le dieron fin a tanto terror. El pastor de ovejas tomó la cabeza del grandulón y con su propia espada lo decapitó.

Como campeón que muestra su trofeo, David levantaba su botín de guerra, la cabeza del gigante que ahora quedaba inerte y en el suelo. La amenaza de Israel había sido deshecha. Muchos celebraron. Otros no podían salir del asombro. La algarabía era contagiosa. De la noche a la mañana, David se convirtió en héroe para la mayoría. Hasta canciones comenzaron a ser cantadas sobre este fenómeno llamado David. Todo el ejército había sido testigo de semejante hazaña. El pueblo entero lo respetaba y admiraba.

Rápidamente comenzó a escalar con éxito en la escalera corporativa del reino israelita. Su carrera parecía prometedora. El rey Saúl le había llamado para servir junto a él. No había duda de que David disfrutaba de toda la fama que traía matar a un gigante. El tiempo de la promoción había llegado. Sin embargo, las cosas comenzaron a cambiar rápida y drásticamente.

"Cualquier encargo que David recibía de Saúl, lo cumplía con éxito, de modo que Saúl lo puso al mando de todo su ejército, con la aprobación de los soldados de Saúl y hasta de sus oficiales.

Ahora bien, cuando el ejército regresó, después de haber matado David al filisteo, de todos los pueblos de Israel salían mujeres a recibir al rey Saúl. Al son de liras y panderetas, cantaban y bailaban, y exclamaban con gran regocijo: «Saúl destruyó a un ejército, ¡pero David aniquiló a diez!»

Disgustado por lo que decían, Saúl se enfureció y protestó: «A David le dan crédito por diez ejércitos, pero a mí por uno solo. ¡Lo único que falta es que le den el reino!» Y a partir de esa ocasión, Saúl empezó a mirar a David con recelo.

Al día siguiente, el espíritu maligno de parte de Dios se apoderó de Saúl, quien cayó en trance en su propio palacio. Andaba con una lanza en la mano y, mientras David tocaba el arpa, como era su costumbre, Saúl se la arrojó, pensando: «¡A éste lo clavo en la pared!» Dos veces lo intentó, pero David logró esquivar la lanza" (1 Samuel 18:5-11).

David había vencido a Goliat y todos lo sabían. Esa batalla quedaba en el pasado; ahora se enfrentaría a otro gran gigante. El mismo sentido de inseguridad que abrigaba el rey, hizo que viera como una amenaza la victoria y el favor que David alcanzó. Debido a esto, el rey decidió eliminar a su aparente amenaza. Su nombre, David. Nuestra victoria en ocasiones es percibida por otros como amenaza. No nos debe tomar por sorpresa. Cada nueva etapa en tu vida traerá consigo nuevos gigantes.

No había pasado mucho tiempo desde que había vencido al gigante y ya tenía su nuevo rival. Se llamaba Saúl. El mismo rey que le había dado el ascenso, ahora se convertía en su archienemigo. Allí David se vio confundido y perdido. Sin saber a dónde ir, se vio corriendo y huyendo. El mismo hombre que había visto caer al gigante y había salvado a toda una nación, ahora no podía salvarse a sí mismo y huía del rey.

¿Por qué nos pasa esto? ¿Por qué se nos olvida que el mismo Dios que nos defendió ayer, lo puede hacer otra vez? Se nos olvida que el Dios que estuvo con nosotros ayer, puede estar con nosotros hoy. Aquel que nos dio la victoria ayer, estará con nosotros hoy.

Cuando David enfrentó a Goliat, no era la primera vez que enfrentaba a un gigante. Mucho antes de vencer a Goliat, tuvo que vencer al gigante del rechazo y menosprecio que enfrentó en su propia casa. En su familia no se esperaba mucho de él. Aún así Dios mismo se aseguró de hablarle sobre su destino. Hay más; estando a solas con las ovejas, tuvo que vencer al oso y al león que vinieron contra lo que amenazó la asignación que se le había dado. Esas victorias le dieron la firmeza de carácter para enfrentar a Goliat.

Venció a Goliat y tal vez pensó que ahí terminaba todo. Nada más lejos de la verdad. Tuvo que enfrentar a su nuevo gigante en forma del hombre más poderoso del reino. Cuando David se sentó a tocar el arpa, las lanzas llegaron. La vida de David estaba en peligro real. El enemigo deseaba desalentar el corazón de David. Siempre hace lo mismo. No sólo quiere amenazar, sino que desea que renunciemos a las herramientas que Dios nos ha dado para vencer. Cuando llega este tipo de situaciones en nuestra vida, muchos se dan por vencidos porque les desanima tener que enfrentar otra batalla después de tan gran victoria. Se debilita su fe, pues abandonan aquellas armas que Dios les regaló para tener la victoria.

¿Cómo se vence a un gigante?

Seguramente por todo lo que estaba viviendo David, no se dio la oportunidad para detenerse y considerar las lecciones de las victorias que había adquirido en su caminar. A muchos nos pasa. Cuando enfrentamos momentos de adversidad y conflictos, permitimos que lo que vivimos allí nos nuble el beneficio que hemos adquirido de las batallas pasadas.

Hoy tenemos la oportunidad de tomar ventaja de cada batalla y experiencia que David tuvo. Te invito a tomar de los tesoros que podemos adquirir de las batallas que David enfrentó. Aquí te presento algunos principios que debemos abrazar a la hora de enfrentar nuestros propios gigantes:

"Un día, Isaí le dijo a su hijo David: «Toma esta bolsa de trigo tostado y estos diez panes, y vete pronto al campamento para dárselos a tus hermanos. Lleva también estos tres quesos para el jefe del batallón. Averigua cómo les va a tus hermanos, y tráeme una prueba de que ellos están bien...David cumplió con las instrucciones de Isaí" (1 Samuel 17:17, 20).

1. Mi disposición abrirá grandes puertas. Nunca debemos menospreciar las pequeñas tareas que se nos dan. Ellas podrían estar dirigiéndonos a nuestro lugar de promoción. El padre de David lo había enviado a llevarle comida a sus hermanos que se encontraban en el campo de batalla. David no era tomado en cuenta por ellos, pero tenía que servirles. Seguro que debía ser difícil servirle a su padre y sus hermanos en medio de estas condiciones, pero aún así, decidió bendecirles. Pudo haber pensado: "Papi me pide que arriesgue mi vida para ver cómo ellos están". Sin embargo, se enfocó en la meta mayor: "Estoy llamado a servir y bendecir". Fue por este gran gesto de disposición que llegó al escenario que cambiaría su vida. Muchos han perdido sus grandes oportunidades sencillamente porque perdieron su entusiasmo y disposición. David entendió que cumplir con las primeras instrucciones te abre camino para nuevas asignaciones divinas.

Todavía tengo presente cómo fue que comencé a cantar en la iglesia. Parecía una casualidad, pero en realidad fue causalidad de Dios. Siempre pensé que era suficiente ser un músico que ayudaba en su iglesia local en el piano. Me agradaba hacerlo. Me apasionaba despertarme los domingos y llegar a la iglesia en la mañana, para ayudar a acompañar a la cantante principal de la iglesia. Un día algo cambió. La chica que llevaba años dirigiendo la adoración saldría del país para continuar sus estudios.

Como ese día no estaría presente la persona que iba a sustituirla, me pidieron que ayudara a cantar mientras esa otra persona podía hacerlo. Sería el primer domingo sin la chica que lo había hecho por tanto tiempo. La idea parecía descabellada, ya que nunca había dirigido un domingo. Sólo pensarlo me llenaba de miedo.

Estaba muy nervioso; estar detrás del teclado era un lugar cómodo para mí. Además, me costaba exponerme públicamente.

Tendría que exponerme al fracaso y la crítica de otros. Mi voz no estaba entrenada. Quería decirle que no, pero sabía que alguien lo tenía que hacer y no había muchas opciones. Me convencí cuando me explicaron que sería sólo por un domingo. Otra persona se haría cargo después de eso.

Cuando llegó ese domingo, aunque estaba muy asustado y nervioso, lo hice. Entré al campo de batalla, enfrenté a mi gigante y lo vi caer. Un domingo se convirtió en dos, en tres, en meses y en años. Cuando vine a ver, la persona que iba a sustituir nunca regresó y yo fui el sucesor. Una disposición a entrar a lo desconocido en el momento menos pensado, me abrió puertas que nunca imaginé. Dios me llevó al campo de batalla, donde tendría que enfrentar a mis gigantes. Mi momento de definición había llegado. No sólo aprendería lo que Dios podría hacer conmigo en ese momento, sino que se despertaría una llama por lo que Él quería hacer conmigo el resto de mi vida.

"Entonces David le dijo a Saúl:
—¡Nadie tiene por qué desanimarse a causa de este filisteo! Yo mismo iré a pelear contra él" (1 Samuel 17:32).

2. El compromiso logra enfocarnos. Con todas las acusaciones y atropellos que se levantaron contra David, él pudo ver el panorama completo. En lugar de permitir que le distrajeran las imputaciones que le hacían los hermanos, se pudo enfocar. Muchos perdemos victorias porque fijamos nuestra mirada en las cosas menos importantes. David no sólo fue un espectador de lo que sucedía; estuvo dispuesto a comprometerse. Supo enfocarse en medio de la adversidad. En lugar de ser parte del problema, decidió ser parte de la solución. Ningún gigante se vence a control remoto. Para vencer, debemos estar dispuestos a entrar en la zona de batalla.

"El Señor, que me libró de las garras del león y del oso, también me librará del poder de ese filisteo" (1 Samuel 17:21).

3. Las victorias en lo secreto me darán confianza para enfrentar a los enemigos públicos. David sabía que no se había enfrentado a un gigante. Sin embargo, recordó que había tenido victorias pasadas que le habían preparado para un día como éste. Al enfrentar nuevos retos, debemos recordar las victorias que hemos tenido en el pasado. Esos fueron los momentos que nos prepararon para enfrentar tiempos como los que vivimos hoy. De allí tomaremos las fuerzas y la valentía para enfrentar a los gigantes cara a cara. Créelo; las pequeñas batallas que enfrentaste en lo secreto, fueron los días de adiestramiento para enfrentar a los gigantes de hoy. Las batallas públicas se conquistan en lo secreto.

"¿Quién se cree este filisteo pagano, que se atreve a desafiar al ejército del Dios viviente?" (Samuel 17:26).

4. No me comparo con el gigante. Comparo al gigante con Dios. Lo que movió el corazón de David no era saber si tenía el apoyo de los que tenía delante. Ni aún sus hermanos creían en él. De hecho, hasta llegaron a cuestionar las motivaciones de David. Sin embargo, David se mantuvo firme en lo que Dios había dicho de él. Creía en su Dios y eso era suficiente para ir en contra del adversario. Cuando enfrentamos a los gigantes, debemos recordar que no se trata de lo que tenemos en nuestras manos para ir contra el enemigo. Se trata de quién está a mi lado para ayudarme a vencer en la batalla. Muchos no logran creer que pueden vencer al enemigo porque lo comparan con ellos mismos. David

tenía claro que no se trataba de comparar al gigante con su capacidad. Lo que David sí sabía era que Dios estaba con él. Es más, tenía claro que esta batalla no era suya, sino de Dios. El gigante no lo amenazaba a él, estaba desafiando a Dios. Tener esto claro en medio de nuestras batallas nos ayuda a mantenernos enfocados en medio de todo lo que enfrentamos. No es mía la victoria, sino de Dios. Cuando recibimos ataques del enemigo, necesitamos entender que no es contra nosotros la amenaza, sino contra el Dios viviente. Él irá contigo y te defenderá. No es si tengo las armas para vencer. La pregunta es si Dios tiene poder para vencer.

"Luego Saúl vistió a David con su uniforme de campaña. Le entregó también un casco de bronce y le puso una coraza.

David se ciñó la espada sobre la armadura e intentó caminar,

pero no pudo porque no estaba acostumbrado.

—No puedo andar con todo esto —le dijo a Saúl—; no estoy entrenado para ello"(Samuel 17:38-39).

5. Dios me puede usar tal y como soy. Algo que siempre he admirado de David es que siempre mostró ser genuino, aún en sus peores momentos. Era músico y pastor. No parecía un guerrero. Muchas veces nos vemos tentados a vestirnos como el rey. Dios ha depositado un tesoro en ti para poder vencer a tus gigantes. Nadie puede vencer a sus gigantes rechazando el diseño que Dios le ha dado. David no pretendía ser otra cosa que lo que Dios le había capacitado para ser. He visto a muchos perderse en la batalla por querer enfrentar al gigante como otros lo enfrentan. Son buenas

copias, pero Dios busca originales. Lo que necesitas para tener victoria es justo lo que Dios te ha dado. Esas capacidades hablan mucho de la asignación que te ha sido dada y cómo la vas a enfrentar. David se definió. No había manera que pudiera vencer al gigante siendo como otro. Sólo podía vencer siendo genuino a su diseño.

Lo que aprendemos de David

1. Ten claro quién eres y cuál es tu diseño.

2. Sé genuino al diseño de Dios para tu vida.

3. Ama, conoce y valora las capacidades que Dios te ha dado.

4. Confía en que Dios puede usar lo que te ha dado para vencer.

5. Cuando ponemos en práctica las capacidades que Dios nos ha dado, un potencial divino se despierta.

Dios da a cada uno las armas que necesitaremos. Nos adiestra para cada arma entregada. No fue hasta que entendí este principio, que decidí usar lo que Dios me había dado. Fue entonces que empecé a ver los milagros que Dios había prometido. Cuando me atreví a confiar en lo "poco" que pensaba que tenía, vi las cosas grandes Dios había prometido. Los gigantes comenzaron a caer. ¡Qué sorpresa fue ver que a Dios le interesaba usarme a mí! Ya no tenía que vivir esclavo de pretender ser otro. ¡Un gran peso se cayó de mis hombros!

"Además, cada vez que los jefes filisteos salían a campaña, David los enfrentaba con más éxito que los otros oficiales de Saúl. Por eso llegó a ser muy famoso" (1 Samuel 18:30).

Dios lo lleva a recordar

La fama de David creció por toda la nación. Llegó a un punto donde Saúl ya no podía ocultar la animosidad que guardaba contra David. Del atentado en lo secreto pasó a convertirse en una amenaza pública de muerte. Saúl dejó saber la intención que guardaba en su corazón. Les dijo a todos sus oficiales la decisión que había tomado.

"Saúl les comunicó a su hijo Jonatán y a todos sus funcionarios su decisión de matar a David" (1 Samuel 19:1).

Una cosa es enfrentar una amenaza que está silente o que se manifiesta sólo en lo oculto. Otra es enfrentar una conspiración pública y evidente. David no vio más opción que huir. Mientras corría, tantos pensamientos le pasaban por su mente. Tal vez pensaba que debería darse por vencido y dejar de creer que Dios quería levantarlo para que fuera un hombre de bendición en la nación.

En ocasiones se hace difícil recordar las promesas de Dios, cuando todo lo que vives te dice lo contrario. Mucho más cuando prestas más atención a lo que tienes de frente, en lugar de recordar lo que Dios ha hecho. Es que el Dios que lo hizo ayer, es capaz de hacerlo hoy y sorprenderte mañana.

David no podía entender por qué se encontraba en tan difícil situación. En momentos preguntaba: "¿Qué mal he hecho para merecer que me quiten la vida?" En ocasiones es fácil entender que nos lleguen algunos ataques, sobre todo si sabemos que lo hemos hecho mal. Tal vez en esa situación uno podría aceptar recibir su merecido. Pero, ¿cómo entiende uno tan difícil agresión cuando lo único que se ha hecho es ayudar a otros y tratar de ir en pos de lo que Dios te ha dicho que hagas? Los ojos de David estaban a punto de ser abiertos como nunca antes. Conocería al Dios que reverdece el desierto más árido.

En ocasiones, todas las adversidades que vivimos nos hacen olvidar lo que Dios ha dicho y lo que ha prometido sobre nosotros. Cuando Dios ve que estamos en peligro de olvidar nuestro norte,

usará con amor cualquier método para hacernos regresar y volver a
Él. Dios desea que recuerdes hoy sus promesas.

La promesa está viva

> "El sacerdote respondió:
>   —Aquí tengo la espada del filisteo Goliat, a quien
> mataste en el valle de Elá. Está detrás del efod, envuelta
> en un paño. Puedes llevártela, si quieres. Otras armas no
> tengo.
>   —Dámela —dijo David—. ¡Es la mejor que podrías
> ofrecerme!" (1 Samuel 21:9)

Esa espada, en manos de David, representaba las promesas de
Dios sobre su vida. Era la provisión de Dios para traerle a memoria
lo que había logrado junto a Dios. Dios le decía: "David, tú eres un
vencedor. Llegaste a vencer, no por lo que otros pensaron de ti, sino
por lo que yo he hecho en ti". Era Dios afirmándole: "David, levántate, toma ánimo, confía, yo he estado a tu lado y no te dejaré".

Justo cuando más lo necesitaba, la voz de Dios regresaba a
David para recordarle: "Tú venciste por cuanto fuiste capaz de
confiar en mis promesas, en mi Palabra, en mi presencia. No en
lo que tenías en la mano, sino en el Dios que estaba a tu lado. Con
esa misma espada que tienes a la mano, venciste al gigante. Cuando
nadie creía en ti, yo estuve a tu lado y juntos vimos caer el gigante.
David, juntos veremos caer a todos los gigantes".

> "David se alarmó, pues la tropa hablaba de apedrearlo; y
> es que todos se sentían amargados por la pérdida de sus
> hijos e hijas. Pero cobró ánimo y puso su confianza en el
> Señor su Dios" (1 Samuel 30:6).

Esta lección quedó tan grabada en el corazón de David, que
tiempo después, al verse delante de nuevos enemigos y desafíos,
recordó las promesas de Dios. Recobró ánimo en la presencia de
Dios.

¿Dónde han quedado las promesas que un día recibiste de parte de Dios? ¿Dónde está la fe y pasión con la que viviste?

Será que hoy Dios se acerca para recordarte una vez más: ¡Tu promesa está viva!

capítulo 9

¿Se te olvidó que eres un milagro de Dios?

S I UNO PRESTA atención, desde que uno llega a un aeropuerto, ve diferentes actores en ese agitado escenario. A un lado, ves al niño que brinca lleno de entusiasmo mientras su abuelo, con sus manos marcadas por el tiempo, ayuda a la familia a llevar las maletas al mostrador.

Con maletas en mano, el patriarca trata de escurrirse y avanzar entre la multitud. Al llegar a su destino, los ves que se preparan para hacer lo inevitable. Deben despedirse. La madre, con ojos llorosos, comienza a despedirse. El niño no tiene idea de lo que está pasando. Mami se va sola fuera del país y los abuelos la despiden con tristeza. Se lleva al nene lejos, debido a los problemas que tiene con papi. De primera vista, pareciera que son dos pasajeros más transitando en este aeropuerto. Sin embargo, éste es el vuelo que cambiará sus vidas para siempre.

Mientras todo esto ocurre, se divisa a la distancia la carita de un joven asomarse para despedirse de sus padres. Los corazones de todos están henchidos de orgullo. El hijo sale fuera del país para su internado de Medicina. Mientras lo despiden, tantas memorias corren por la mente de ambos. Entre ellas, la primera vez que salió de casa para ir a la escuela. Todavía tienen la foto allí en el refrigerador. Entre alegría y tristeza, no podían dejar de pensar que parecía que fue ayer cuando lo llevaron a su primer salón de clases. Sentían que el tiempo les había traicionado. No fue suficiente; tantas cosas se quedaron sin hacer.

Así son los aeropuertos. Allí hay tanto qué ver, tanto qué aprender. Es como una amplia plaza donde se confunden los que transitan desde diferentes puntos de la vida. Algunos llegan allí para huir. Otros para encontrar lo que dejaron atrás. Varios para comenzar de nuevo. Unos para terminar una etapa de su vida. Algunos para vacacionar. También puedes ver a los que van a trabajar. Ves a los que llegan para celebrar, y notas a aquellos que viajan para un funeral. Cada uno tiene su historia. Cada uno con su destino. Me he dado cuenta de que aunque tengamos el mismo destino, cada uno viaja con propósitos muy personales.

Si echas la mirada al otro lado, ves al hombre de negocios. Muy bien vestido, viene caminando con urgencia. Sus pasos son firmes. Éste es el experto en viajes. Lleva años montándose en aviones. Usualmente viaja con tranquilidad, pero esta vez, viene algo ansioso. Sabe muy bien que éste puede ser su último viaje con la compañía. Los números no están llegando a la meta de fin de mes. Si no logra la meta en este viaje, podría perder el trabajo. Si pierde este trabajo, muchas cosas cambiarán en casa. Sobre todo, siente que necesita hacer todo lo necesario para mantener el seguro médico que le ayuda a tratar la condición de Carlitos. Y así mismo, cada uno de los que viaja tiene su propia historia.

Siempre he disfrutado mucho los aeropuertos. Cuando estoy en las filas de seguridad y veo a un pasajero con su equipaje pienso: ¿Cuál será la historia detrás de su vuelo? A veces me encuentro disfrutando en silencio, mientras imagino qué harán con lo que llevan en la mano. En los últimos años, he tenido la oportunidad de viajar a diferentes lugares. Son muchas las personas que he conocido mientras viajo. Muchas de las historias se han quedado conmigo. Son lecciones que he decidido no olvidar.

Un viaje inesperado

Recientemente nos encontrábamos viajando a los Estados Unidos. Sería la primera parada de nuestra gira al este de la nación. En el primer vuelo, nos dirigíamos a una conferencia de jóvenes en la ciudad de Nueva York. Cuando llegué al aeropuerto de salida y llegué al mostrador de la línea aérea, había varias personas en la fila antes que yo. Entre todas había un personaje singular. Agitaba sus manos, y en voz alta hablaba de lo bien que lo había pasado en la Isla. Podía escuchar algunas frases de su conversación con sus compañeros de viaje. Me percaté de que aunque era de ascendencia hispana, no era de la Isla. Tenía un acento muy marcado al hablar su español. Sin embargo, lo más que me llamó la atención de esa persona entre todos los que estaban en la fila, no era su forma de hablar español, sino el hecho de que no podía distinguir si era varón o hembra. Mis ojos se posaron sobre esa escena y no la pude olvidar.

Entregué mi pasaporte al oficial y me dio la señal para pasar a la inspección de seguridad, el lugar de mayor acción en el aeropuerto en esta era posterior al 9-11. Puse todos mis objetos en la correa para inspección. Luego de esperar por la señora que olvidó que no podía llevarse en el avión su corta uñas y la colección de perfumes, pasé al punto de inspección. Esto sin olvidar al típico señor que insiste en llevarse la botella de miel de abeja que le habían regalado en el campo. Tomé mis cosas y me fui, mientras el caballero intercambiaba palabras con la mujer de seguridad, pues supuestamente tenía que llevarle ese envase a su hermana.

Finalmente llegué a mi salida. Hicieron la llamada de abordaje, y para mi sorpresa, la persona que había visto en la fila, iría en el mismo vuelo que nosotros. Entré al avión, y luego de ir poco a poco hasta encontrar mi asiento, acomodo mi equipaje de mano y tomo mi lugar. Cuando me siento, me percato de que la persona que estaba a mi lado era nada más y nada menos que aquel personaje que tenía un gran signo de interrogación. Nos miramos. Le dije el cordial y acostumbrado "hola", mientras le regalaba una sonrisa. En mi mente la pregunta no cesaba. ¿Será un chico o una chica?

La realidad es que estaba muy cansado. La pregunta tendría que esperar. Necesitaba descansar urgentemente. Acomodé todas mis cosas, me senté, cerré los ojos y tomé mi almohada para comenzar a conversar con Morfeo. Les confieso que se me hizo difícil dormir. Podía escuchar los comentarios que venían del asiento del lado. Allí estaba jactándose de todas las botellas de ron destilado nativo que había consumido durante su visita. Nos regaló a todos, aunque no estábamos interesados, la lista de lo que se llevaba para su residencia. Abrí mis ojos y volvimos a hacer contacto visual. La realidad es que no deseaba montar conversación. Ése no era el momento. Estaba muy agotado y necesitaba descansar.

Seguí escuchando los comentarios que en voz alta hacía el chico o... la chica. Muchos nos mirábamos como preguntándonos: "¿Pensará seguir así todo el vuelo?" Todos parecían querer dormir, excepto quien estaba al lado mío. Los minutos pasaron. Ya estábamos a miles de pies de altura cuando se rompió el silencio. Fue allí cuando se dirigió a mí y me preguntó: "¿Vas para Nueva York? Le contesté con un parco "sí", mientras abría los ojos a media asta. Aunque trataba de ser amable, quería hacerle claro que tenía la intención de seguir durmiendo.

La segunda pregunta no se hizo esperar. Parece que mis señales no estaban siendo lo suficientemente claras. "¿Qué vas a hacer en Nueva Yol?" Sí, así como leíste: "Nueva Yol". Era evidente que era de ascendencia latina, pero su lenguaje principal era el inglés. Me sonreí por su insistencia. Le contesté: "Voy a compartir unas conferencias". La conversación continuaba y pude darme cuenta de que algo pasaba allí que no podía ignorar. Me incorporé en la silla de viaje y con eso, se hizo oficial. La conversación se daría a pesar de mi cansancio. El sueño iba a tener que esperar.

Me preguntó: "¿A qué te dedicas?" Le dije: "Soy conferenciante y cantante". Cuando converso con personas en un ambiente así, prefiero dejar que ellos abran su corazón primero, para luego decirles que soy pastor. He aprendido que si digo de primera que soy pastor, muchos levantan barreras y cierran su corazón. Hay personas que piensan que un pastor no tiene nada más que hablar que no sea de la iglesia. Piensan que lo único que los pastores hacen es señalar lo malo que otros estén haciendo. Más adelante, les explico que las conferencias que ofrezco son basadas en la Biblia, y que soy pastor.

Siguió entrevistándome y me preguntó: "¿Qué tipo de música cantas?" Le dije: "Música cristiana". Hubo un silencio notable. Pensé que la conversación acabaría allí. Le miré fijamente a los ojos y extendí mi mano mientras me presentaba. "Mi nombre es Jacobo, y ¿el tuyo?" Estaba loco por saber quién era la persona que Dios había puesto a mi lado. Me miró con una sonrisa entrecortada y me declaró su nombre. Por primera vez supe que era una chica la persona que tenía de frente. Su aspecto femenino estaba perdido detrás de su vestimenta y actitudes varoniles.

Luego de presentarme, con rostro pensativo y en su *spanglish*, me confesó: "My *uncle*, mi tío, también es músico cristiano". Me alegré de que pudiéramos seguir conversando. Luego de varias preguntas, me confesó que había sido criada en la iglesia. Algo dentro de mí supo que ése era un dato que no podía dejar pasar. Ahora teníamos algo en común. Le dije: "¿Sabes? Yo también". Me acerqué mostrando un mayor interés, y le dije: "Cuéntame tu historia".

Me dijo lo siguiente: "Cuando yo nací, los doctores le dijeron a mis padres que yo tenía tumores y que podría morir. Todos decían que iba a morir. Mis papás estaban desesperados y muy preocupados. Me habían llevado a varios lugares donde pensaron que podían sanarme, pero nada. Mi tío, el músico que iba a la iglesia, les dijo a mis padres que me llevaran a la iglesia. Ellos no creían en nada de eso. Me llevaron a un culto y me cuentan que en medio de la iglesia, oraron por mí".

Me percaté de que su rostro se iluminó mientras me contaba todo esto. Continuó diciéndome: "Allí en la iglesia oraron por mí y Dios me sanó". Le pregunté: "¿Quién te sanó?" Yo sabía quién la había sanado. Sólo quería que ella recordara quién la había sanado. Me dijo luego de unos segundos de silencio: "Dios".

Sus ojos se llenaron de lágrimas. Algo estaba ocurriendo a más de treinta mil pies de altura. Esas sillas ya no estaban en un avión. Estaban rodeando la mesa del Señor. Mientras su rostro se llenaba de lágrimas que descendían, le pregunté: "¿Cómo es que a uno se le olvida que uno es un milagro de Dios? ¿Se te olvidó que eres un milagro de Dios?"

Somos muchos los que hemos olvidado que somos un milagro de Dios. Justo en ese momento, Dios estaba a punto de recordarle el camino de regreso a casa.

La vida cambia, pero Dios no

Su rostro cambió, y de una manera tosca me contestó: "Tú no entiendes mi historia, *that's not all*". Le hice señal para que continuara. "Bueno, tenemos tres horas para hablar", le comenté. Ella añadió: "Desde ahí mis papás decidieron ir a la iglesia. To' era otra cosa. Cuando yo era joven, a mi mamá la diagnosticaron con cáncer. Todos pensábamos que Dios la iba a sanar, pero ella murió. Eso fue muy doloroso, pero no más doloroso que lo que pasó después. Mi papá no pudo con to'. Luego que mami murió, él cogió to' las cosas *and* se fue. Me dejó a mí sola con mi hermanito".

Sin poder controlarse, comenzó a llorar. Yo miré a todos lados, atónito por lo que sucedía. Reclinó el respaldo de su asiento, y acostada cubrió su rostro con la gorra que llevaba puesta, mientras decía: "¿Por qué se fue? ¿Por qué nos dejó solos? El que mami muriera lo entendí, pero el que papi se fuera nunca lo he podido entender". En ese mismo instante sentí que Dios ponía en mi corazón una palabra viva y justa para el momento que ella vivía.

Me atreví a compartirle lo que Dios ponía en mi corazón. "Has estado tratando de llamar la atención de tu padre, y no te has percatado de que Dios está llamando tu atención. Aún la manera en que te vistes habla de cuánto quieres parecerte a tu papá. Sin embargo, tu Padre en el cielo, que ha tenido cuidado de ti, llama hoy tu atención con amor". Ella no paraba de llorar y Dios seguía hablando a su corazón Palabra de aliento y consuelo. Fue un momento inolvidable. Dios la estaba visitando justo cuando ella pensó que todo estaba perdido. Fue un vuelo común. Sólo que ella no sabía que Dios la iba a llevar a aterrizar de manera diferente. Dios me mostraba momentos específicos de su vida donde Él había estado llamando su atención. Yo no la conocía y para mí no hacían sentido, pero para ella era la voz precisa en medio de su desierto.

En medio de todo esto, una persona que ella conocía y que estaba sentada a su lado, despertaba de su sueño justo cuando ella lloraba desconsoladamente. Cuando ve la escena, abrió los ojos en señal de asombro, miró asustado y se tiró en el asiento, haciéndose el dormido. Me imaginaba lo que le estaba pasando por la mente:

"¿Qué le está haciendo éste? ¿Cómo ésta, que hace unos minutos estaba hablando de bebidas y fiesta, termina ahora llorando con este tipo?" Yo tampoco sabía cómo llegamos allí; sólo que Dios la estaba visitando en su orilla. Una de las cosas que se nos puede olvidar es que aunque las cosas en la vida cambien, Dios nunca cambia. El mismo Dios que la había visitado cuando era niña, se estaba encontrando con ella a miles de pies de altura. El mismo Dios que sanó su cuerpo cuando niña, llegó a sanar su corazón de adulta.

Ella se incorporó en el asiento reclinado y se atrevió a mirarme frente a frente. Con sus ojos llorosos, me dijo lo siguiente: "Yo fui a la Isla para encontrarme con papi, pero él no quiere verme. Cada vez que me ve, dice que se acuerda de mi mamá y que eso le duele mucho todavía. Los años han pasado y yo sigo lejos de mi padre". Le hablé nuevamente y le conté mi historia. Le dije lo valioso que ha sido para mí encontrarme con el Padre que sabe recibir a sus hijos. Le compartí sobre el amor de Dios, y cómo había un lugar para ella en la mesa del Padre. Ella seguía llorando. Mientras más lloraba, la dureza de su rostro cambiaba.

La conversación continuaba y ella no podía creer que Dios la estuviera visitando. Abrió su corazón conmigo. Muy cerca del cielo vi a un corazón quebrantado, ser visitado por la gracia sanadora de Dios. Muchas de las cosas que se hablaron allí, no las compartiré por razones obvias. Sin embargo, en un momento, mientras ella escuchaba una palabra de parte de Dios, me detuvo y me dijo con fuerza: "Yaaaaaaaaa. No sigas. Ya no aguanto más. Ora por mí, necesito a Dios".

Hice silencio, mientras recordaba que no se trataba tanto de lo que yo decía, sino de lo que el Espíritu hacía en su corazón. Dios la estaba visitando y la ternura de Dios era irresistible. Le pedí permiso y puse mi mano sobre su hombro. Comenzamos a orar, y con lágrimas en mis ojos vi una vez más cómo una hija herida regresa a casa del Padre. El que estaba en el asiento de la ventana volvió a levantar su mirada, y ahora me veía con la mano puesta sobre la chica mientras ella lloraba al hacer la oración. Me miró con mayor asombro, cerró sus ojos rápido y volvió a acostarse en su asiento. Parece que no quería que lo mismo le pasara a él. Él no entendía que a diez mil pies de altura, un avión puede convertirse en un buen lugar para verse cara a cara con la gracia divina.

Varias horas habían pasado y ahora estábamos aterrizando. Sin embargo, el corazón de esta chica había aterrizado a casa. Somos muchos los que hemos tenido que enfrentar situaciones en la vida que nos quieren hacer olvidar lo que Dios hizo un día en nosotros.

¿Se te olvidó que eres un milagro de Dios? ¿Habrá algún milagro que Dios haya hecho en ti o cerca de ti, que te ayude a avivar tu fe hoy, en medio de lo que vives? ¿Qué necesitas hacer hoy para recordar que eres un milagro?

Herramientas para el camino

Tal vez hoy mismo te encuentres atravesando una de esas temporadas. No pierdas de perspectiva lo que Dios ha hecho. El mismo Dios que lo hizo, lo hace y lo hará otra vez. El Dios que te libró ayer, abrirá camino hoy y te da la certeza para creer que mañana también estará contigo.

Una de las estrategias que el enemigo tratará de usar es hacernos olvidar lo que Dios hizo un día en nosotros. Si nos hace olvidar lo que Dios es capaz de hacer, nuestra fe se debilita. Por eso, la Palabra de Dios se hace tan necesaria. El ejercitarnos en recordar las promesas de Dios, nos ayuda a recordar lo que Él ha hecho, hace y es capaz de hacer.

Conozco a un grupo de amigos que celebran, semanalmente, un grupo de oración y estudio de la Palabra. Cada noche que se reúnen, hacen un listado de las peticiones de oración de las personas del grupo. Les pregunté por qué lo hacían y uno de ellos me contestó lo siguiente: "Para tener un inventario de las oraciones contestadas. Esto nos ayuda a recordar lo que pedimos a Dios. Cuando Él contesta, tenemos un registro de las veces que ha respondido a nuestras peticiones". Me gustó mucho este ejercicio. Ellos estaban haciendo un esfuerzo intencionado para registrar las obras de Dios. Ellos reconocían que algún día su fe se podía debilitar.

El alabar y adorar a Dios se convierten en herramientas claves para nosotros, los que deseamos recordar. Alabar es reconocer las maravillas que Dios ha hecho. Adorar es reconocer lo que Dios es. Por definición, cuando alabo, recuerdo lo que Dios ha hecho y lo que puede hacer otra vez. Alabo cuando reconozco que Dios hizo provisión ayer para nuestra familia. Me permite traer a memoria el día en que clamé a Dios. Recordamos su sanidad, sacrificio en la cruz, perdón, provisión y restauración.

Cuando adoramos, nos permitimos recordar lo que Dios es. Dios es fiel y cuando yo le adoro, traigo a memoria esas cualidades de Dios que necesitamos tener presentes en nuestro corazón. Invertir tiempo para adorar a Dios es invertir tiempo en cultivar nuestro amor con él. Me recuerda qué fue lo que me hizo enamorarme de Dios por primera vez.

Disfruto mucho ver lo que Dios hace en otras personas. Me gusta mucho, ya sea leer, escuchar y compartir testimonios de lo que Dios ha hecho entre nosotros. Una de las cosas que disfruto de la iglesia local es que allí se provee un ambiente para este intercambio. Podemos ver de primera mano la obra de Dios. Vemos el proceso de restauración. Me gusta llegar a la iglesia y ver llegar juntos a la pareja que hace años estaba divorciada. Veo mi fe avivada cuando veo a padres y a hijos que un día estaban peleados, ahora caminando en restauración. Me gozo cuando aquel que no tenía trabajo ahora puede proveerle a la familia. Por eso cuando llego a la iglesia y veo los milagros vivos delante de mí, me anima a creer que Dios lo puede hacer otra vez.

Recuerdo un domingo que llegué a nuestra congregación. Las cosas no estaban saliendo como yo pensaba que debían ir. Ese día no tuve que dirigir la alabanza en la iglesia. Dios llevó mi mirada a gente que estaba sentada, y me recordó los milagros que Dios había hecho en ellos. Cada uno era un testimonio de los prodigios de Dios. Cada muestra de provisión, sanidad y misericordia eran como banderas de amor que me recordaban la inconmovible fidelidad de Dios. Ese instante nació esta canción....

Tú eres Rey

Cuán asombrosas, son Dios tus obras.
Nadie como Tú, nadie como Tú.
Te proclamamos, Rey Soberano.
Nadie como Tú, Nadie como Tú.
Grandes son tus obras,
grande es tu poder.
El cielo, la tierra, y debajo de ella
Declaran Tú eres Rey
//Tú eres Rey//

Jacobo Ramos
Equipo Aire © 2007

El fijar mis ojos en la obra de Dios en medio de mi vida, me hizo despertar una nueva canción. Refrescó mi alabanza, mi fe y mi entrega. Cuando estemos pasando por tiempos donde sintamos que nuestra fe se debilita, recordemos lo que Dios ha hecho. Fijemos nuestra mirada en los atributos de Dios. En lo que Dios ya te ha mostrado que es. Recuerda lo que Dios ha hecho.

Cuando nos vemos hoy, cara a cara con la adversidad, podríamos vernos tentados a olvidar la fidelidad que Dios tuvo ayer con nosotros. Vemos la dificultad y vemos sólo el peligro, temor e incertidumbre que nos brinda. Ahora, si miramos atrás, recordarás lo que Dios un día hizo contigo. Si miras ahora con el corazón dispuesto a ver a Dios, podrás ver más allá del dolor de ayer. Verás cómo Dios te levantó. Podrás palpar una vez más su bondad llegando a ti. Verás cómo su mano te llevó más allá. Verás cómo te dio la victoria cuando todo parecía perdido. Allí en tus recuerdos de ayer, podrás observar que Dios siempre ha sido fiel; que ha cumplido cada una de sus promesas y nunca te dejará.

Puedo recordar aquellos días que trataba de hacer sentido de lo que me había pasado cuando niño. Los días de escasez y soledad. Días de desesperanza. Años de confusión. Te confieso que me costaba mirar hacia atrás. Muchas veces lo único que veía eran razones para darme por vencido, pero un día todo eso comenzó a cambiar.

Cada uno de nosotros cuando tiene una experiencia, hace una definición de lo que ha sucedido, conforme a su información y perspectiva. Lo que sucede es que hacemos una conclusión o definición del suceso con nuestra información parcial e incompleta. Una de las cosas que Dios desea hacer en nosotros es que podamos mirar nuestros eventos del pasado con una definición madura, integral y completa de lo que ha sucedido. Para eso está el Espíritu de Dios; para ayudarnos a ver más allá.

Recuerdo momentos cuando hablaba con Dios y le preguntaba: "¿Dónde estuviste en el día de mi dolor y soledad?" Su respuesta no se hizo esperar. Pude ver mi corazón ser avivado con cada palabra de consuelo que llegó a mí. "Jacobo, ¿recuerdas cuando no tenías qué comer y llegó aquella persona que te dio para poder comer? ¿Recuerdas cuando no tenías con qué pagar tus estudios aquel semestre en la universidad y aún así preparé provisión? No sólo estudiaste ese semestre, sino que pudiste terminar tu carrera. ¿Te acuerdas cuando pensaste que nadie te escucharía y envié la persona adecuada para ayudarte? Me preguntas que dónde estuve. Te contesto, a tu lado. Te preguntas cuándo. Siempre estuve obrando. Yo estuve allí y cuidé de ti".

Sus palabras me hicieron ver mi pasado de manera diferente. Me hicieron recordar que Dios estaba allí. Contrario a lo que había pensado, Él siempre había cuidado de mí. Hoy es un buen día para creer. Es un buen momento para recordar que Dios sigue siendo fiel. El Dios que hizo maravillas ayer, lo puede hacer otra vez. Camina, sigue confiando, sigue creyendo, aviva tu fe, porque Dios sigue siendo fiel.

Recomendaciones prácticas...

1. ¿Qué tal si haces un inventario de las cosas que Dios ha hecho en tu vida? Escribe tus peticiones, oraciones contestadas y milagros. Asegúrate de anotar todo con fechas. Ponlo en un lugar accesible para que el día que sientas que tu corazón se desanima, leas ese inventario y recuerdes lo que Dios ha hecho.

2. Separa un lugar en tu casa, ya sea un archivo, caja o gaveta, donde puedas acomodar notas, tarjetas y cartas de agradecimiento. Vendrán días donde llegarán pensamientos, situaciones o percances que te querrán hacer olvidar. En esos momentos, puedes correr a tu baúl de tesoros para avivar tu corazón. Leer esas cartas te harán recordar que lo que haces no es en vano.

3. Te invito a hacer este ejercicio: busca cinco personas a las que puedas agradecer por lo que significan en tu vida y han invertido en ti. Escribe una nota de agradecimiento a cada una de esas personas, y permite que reciban de ti una honra de agradecimiento.

capítulo 10

Mirar atrás tiene sus beneficios

"Gócense y alégrense en ti
todos los que te buscan,
y digan siempre los que aman tu salvación:
¡Jehová sea enaltecido!
Aunque yo esté afligido y necesitado,
Jehová pensará en mí.
Mi ayuda y mi libertador eres tú.
¡Dios mío, no te tardes!
(Salmo 40: 16-17 RV)

¿**C**ÓMO RECORDAMOS EN tiempos difíciles? Todavía lo llevas fresco en tu memoria. Pareciera que pudieras extender tu mano y palpar lo que sucedió ese día. Todo parecía estar yendo bien hasta que sucedió. Tal vez fue una llamada, conversación, evento, suceso o pérdida inesperada. Al mirar atrás, puedes recordar que ése fue el momento preciso cuando muchas cosas cambiaron en tu vida. Allí se vio la risa cara a cara con el llanto. Te viste entre la calle del deleite de la vida y la esquina quebranto.

Todos podemos visualizar algún momento así. Hay días que uno se levanta y todo parece estar a su favor. Sin embargo, todos hemos experimentado días grises. Días donde las fuerzas parecen resistirse a caminar. Tenías expectativas de que todo fuera de otra manera, pero no fue así. ¿Qué se hace cuando vemos defraudadas nuestras expectativas? ¿Qué hacemos cuando las cosas no salen como esperábamos?

"Dios nos trae a aguas profundas, no para ahogarnos, sino para purificarnos."

Desconocido

Recordar a Dios en las victorias tiende a ser común. He visto a muchos participar en premiaciones y, cuando reciben la estatuilla, lo primero que dicen es: "Gracias a Dios". He visto atletas terminar una faena deportiva y levantar su mirada al cielo en señal de reconocimiento. He escuchado a padres gritar un gran "Gracias a Dios". Los mismos que nunca confesaron creer en Dios, cuando les dieron la noticia de que su hijo estaba libre de peligro luego del accidente, se vieron inclinados a reconocer a Dios. Todos saben bien que lo que han logrado va más allá de lo que jamás pudieron imaginar. Tal vez nunca reconocieron a Dios en el camino, pero el día de la victoria, sabían que Dios tuvo que haber estado presente.

La pregunta que nos debemos hacer es: ¿Qué se hace cuando tenemos que enfrentar el día de la angustia? ¿Qué hacemos cuando todo lo que tenemos delante nos quiere hacer olvidar la bondad de Dios? Lo vemos en la esposa que siente que su esposo la ha decepcionado a tal punto, que ya no siente las fuerzas para creer que algo pueda cambiar. O el negociante que ve sus esfuerzos perdidos y piensa que la única opción es rendirse.

Una de las cosas que más disfruto al leer la Palabra de Dios es que allí encuentro personas como tú y como yo. Muchos de los relatos que están registrados allí hablan de gente común que tuvo que enfrentarse a momentos de pérdidas, frustración y desesperación. Vemos sus momentos de glorias y victorias, pero también encontramos sus días oscuros. Esto nos muestra que todos somos marcados, no sólo por las cúspides de nuestras vidas, sino también por los valles de adversidad que enfrentemos.

Si nos adentramos en las Escrituras, vemos un relato que nos deja con la boca abierta. Podemos observar cómo Pablo y Silas, luego de liberar a una mujer endemoniada, son falsamente acusados y enviados a la cárcel. Después de haber sido perseguidos, avergonzados y azotados, se vieron tras las rejas. A pesar de todo, decidieron levantar su voz y honrar a Dios. Nunca se olvidaron de lo que Dios era capaz de hacer.

"A eso de la medianoche, Pablo y Silas se pusieron a orar y a cantar himnos a Dios, y los otros presos los escuchaban. De repente se produjo un terremoto tan fuerte que la cárcel se estremeció hasta sus cimientos. Al instante se abrieron todas las puertas y a los presos se les soltaron las cadenas" (Hechos 16:25-26).

Ésta es una de las historias más interesantes que quedaron registradas en la Biblia. Me llama la atención cómo todo esto comenzó. Pablo y Silas se encuentran en Filipos, tranquilos, atendiendo su vida. Mientras iban camino a la oración, se encuentran con una muchacha fuera de lo común.

"Una vez, cuando íbamos al lugar de oración, nos salió al encuentro una joven esclava que tenía un espíritu de adivinación. Con sus poderes ganaba mucho dinero para sus amos. Nos seguía a Pablo y a nosotros, gritando: 'Estos hombres son siervos del Dios Altísimo, y les anuncian a ustedes el camino de salvación. Así continuó durante muchos días. Por fin Pablo se molestó tanto que se volvió y reprendió al espíritu: ¡En el nombre de Jesucristo, te ordeno que salgas de ella!" (Hechos 16:16-18)

Me gusta mucho cómo se describe en esta versión. Después de varios días de Pablo y Silas escuchar los gritos de la endemoniada, se molestaron y reprendieron el espíritu en ella, dejándola libre. Eso desató una serie de eventos que provocaron que terminaran en el lugar menos pensado: la cárcel de Filipos, y no en una gira turística. Estaban a punto de ver el lado más oscuro de Filipos.

Así fue que todo comenzó. Ella fue liberada, sus amos se molestaron porque vieron su ganancia perderse, y les acusaron ante el magistrado. Los llevaron a la plaza, los acusaron y el pueblo se levantó contra ellos.

¿Cómo se supone que se sintieran Pablo y Silas en medio de esa condición? Debieron haber tenido razones para entristecerse, decepcionarse y frustrarse, con todo lo que estaba sucediendo. Probablemente decían: "Luego de bendecir a esta gente, así nos pagan".

Nuestra condición en esta vida puede cambiar de minuto a minuto. En un instante podemos tenerlo todo, y en el próximo minuto perderlo todo. Podríamos estar viviendo la mejor etapa de nuestra vida matrimonial, ministerial o profesional, y de repente ver cómo todo cambia en un instante.

Hay algo que Pablo y Silas tenían claro: "Aunque nuestra condición cambie, nuestra posición no debe cambiar. Aunque todo a mi alrededor parezca estremecerse, debo permanecer en la posición que tengo como hijo de Dios". La condición había cambiado para ellos, pero su posición estaba firme. Seguían siendo hijos redimidos del Dios Todopoderoso, real sacerdocio y nación santa.

Aquellos que basan su fe sólo en su condición, cuando ven que todo a su alrededor cambia, olvidan al Dios que hizo y es capaz de hacer grandes maravillas. Por el contrario, aquellos que ejercen su fe desde su posición, saben que aún en medio de la adversidad, siguen siendo llamados hijos de Dios. Y si Dios es por nosotros, ¿quién contra nosotros?

Pablo y Silas se pusieron de acuerdo en un solo propósito. Cuando vivieron su peor momento, decidieron hacer lo que su posición de hijos de Dios les decía que hicieran: orar y cantar. ¿Cómo puede alguien encontrar fuerzas para levantar una oración a Dios en medio de una condición tan abrumadora y desalentadora? Desde nuestra posición en Dios, no hay otra respuesta esperada. Por eso, en lugar de rendirse ante la condición, se acordaron de su posición y se aferraron a su fe, oraron y cantaron a su Dios.

Ellos sabían que aunque estemos limitados por nuestra condición, ésta nunca podrá limitar el poder excelso de nuestro Dios. Conocían muy bien que el poder de Dios puede transformar cualquier circunstancia. Al orar, estamos poniendo nuestra fe por obra. Nos estamos conectando con la fuente divina de poder. La oración es el clamor de un corazón que gime desde el interior, esperando conectarse con la perspectiva divina. Esta afirmación, en medio de la incertidumbre, nos recuerda que tú y yo no tenemos que tener el control. Dios está en control.

> *"Pero tenemos este tesoro en vasos de barro, para que la excelencia del poder sea de Dios, y no de nosotros, que estamos atribulados en todo, mas no angustiados; en apuros, mas no desesperados; perseguidos, mas no desamparados; derribados, pero no destruidos…"*
>
> (2 CORINTIOS 4:9)

La oración junto a aquella canción impregnada de fe, seguridad y confianza, tuvieron que haber retumbado en aquella cárcel. Dios mismo descendió, se hizo presente, y los barrotes no pudieron contener su poder. El que logra conectarse con la fuente divina, recuerda que tiene infinidad de razones para cantar, aún en medio de la aflicción. Esa canción es la que se queda grabada en nuestros corazones y provoca que la presencia de Dios avive en nosotros sus promesas y nuestra fe. Una canción en medio del dolor le dice al enemigo: "Podrás afectar mis circunstancias, pero mi fe estará puesta en el Dios de los cielos". Ahí está la victoria.

Con nuestra alabanza provocamos tocar el cielo, enfocar nuestra alma, provocar transformaciones de lo que está a nuestro alrededor, y estremecer el reino de las tinieblas. La alabanza no sólo tiene un impacto en nuestra vida, sino provoca que la tierra sea expuesta al poder real del cielo. Es una herramienta que aleja nuestra mirada de lo que tenemos delante y nos devuelve el enfoque hacia Dios.

Dios no está limitado por nuestras limitaciones. Dios hace de nuestras limitaciones su mejor escenario de gloria y milagros. Es allí que sus promesas comienzan a despertar al corazón cansado y a sanar al corazón afligido. La oración de fe y la canción de alabanza llenan de esperanza y hace de nuestro caminar con Dios una aventura de fe sin límites.

"Fe es creer lo que no se ve, y la recompensa de tener fe es ver lo que hemos creído".

San Agustín de Hipona

"A eso de la medianoche, *Pablo y Silas se pusieron a orar
y a cantar himnos a Dios, y los otros presos los escuchaban.
De repente se produjo un* terremoto *tan fuerte que la cárcel
se* estremeció hasta sus cimientos. *Al instante* se abrieron
todas las puertas *y a los presos* se les soltaron las cadenas.
El carcelero *despertó y, al ver las puertas de la cárcel de par
en par, sacó la espada y estuvo a punto de matarse, porque
pensaba que los presos se habían escapado. Pero Pablo le gritó:*
—¡No te hagas ningún daño! ¡Todos estamos aquí!
(HECHOS 16:25-28)

Hay varios puntos que necesito destacar en esta lectura.

1. Medianoche - El relato especifica que fue a eso de la
   medianoche. La medianoche representa el momento
   exacto donde un nuevo día ha comenzado, pero
   el cambio de ese nuevo día no es evidente. Todos
   sabemos que aunque el nuevo día comienza a la
   medianoche, no es hasta la madrugada cuando sale
   el sol. En otras palabras, ellos no esperaron a que el
   sol saliera para conectarse con Dios. Ellos se conec-
   taron con Dios porque sabían que el sol estaba por
   salir. Muchos desean ver salir el sol para comenzar
   a ejercer su fe, mientras hay otros como Pablo y
   Silas que han aprendido que la fe se demuestra
   precisamente cuando el sol no ha salido. Aquellos
   que aprenden a reconocer a Dios en la medianoche
   verán el Sol de Justicia brillar sobre ellos.

2. Los presos los escuchaban - Nuestra fe no sólo
   tiene un impacto en nuestra vida, sino que afecta
   y bendice a aquellos que están a nuestro alrededor.
   Hay gente en este tiempo que escucha y espera
   recibir de los hijos de Dios la esperanza necesaria

para estos tiempos. No te olvides de que somos sal
y luz. Nuestra fe puede y debe ser agente de bendición donde quiera que vayamos. ¿Cuándo fue la
última vez que le pediste a algún compañero de
trabajo que te permitiera orar por él? ¿Qué pasaría
si cuando el jefe presenta la difícil situación financiera de la compañía, tú le pides permiso para orar
por él? Los oídos están prestos. Hay quienes necesitan escuchar. Tal vez Pablo y Silas pensaron que a
nadie le importaba, pero esa oración y esos cánticos
estaban avivando al más débil de los corazones.

3. Terremoto - Hay terremotos que vienen de parte de
   Dios. Son la vía que Dios usa para provocar cambios, sanidades, milagros y prodigios. No temas.
   En medio de los temblores y de las cosas que se
   estremecen en tu vida, Dios está forjando su per-
   fecta voluntad. Hay cosas que necesitan ser sacu-
   didas para que podamos ver el milagro de Dios.
   Todo movimiento de Dios desea provocar tres cosas
   básicas en nosotros.

   a. Estremecer hasta los cimientos - Los cimientos
      sirven como fundamento de una construcción.
      Para nosotros, los cimientos vienen a ser las
      creencias, formación, conceptos y fundamentos
      que nos han limitado y necesitan ser estreme-
      cidos por la verdad divina. Los cimientos estre-
      mecidos son experiencias que te hacen ver la vida
      de una manera total y diametralmente diferente.
      Cuando experimentas esto, tu vida está siendo
      llevada a ver a Dios como nunca antes. Muchas
      veces no vemos nuestra fe madurar, precisa-
      mente porque nuestros cimientos no han sido
      establecidos con el diseño de Dios. Por eso Dios
      necesita estremecer y remover los cimientos que

limitan tu vida en Dios, y a su vez establecer el fundamento que te hará crecer y madurar en Él.

b. Se abren las puertas - Cuando vemos que Dios transforma nuestras estructuras de pensamientos limitantes, rápidamente vemos cómo Dios empieza a abrir las puertas que parecían detenernos. Podrán querer limitarte, pero nunca podrán limitar el poder de un corazón que sabe que su redentor vive. Tal vez has pensado que hay limitaciones que nunca podrán derribarse. Hoy te digo lo contrario. Para nuestro Dios, nada es imposible. Yo creo en el Dios de lo imposible, que todavía restaura, levanta y sana. Tenlo por seguro; a Él no lo limitan nuestras limitaciones.

c. Se sueltan las cadenas - Hay muchos que ven sus cimientos ser estremecidos, las puertas abiertas, pero aún así siguen esclavos de sus conceptos, patrones y pensamientos. Muchos pueden tener la oportunidad de ser libres, pero por no tener sueltas sus cadenas, no pueden caminar en libertad. Dios desea que en medio de todo puedas caminar en la libertad que él preparó para ti.

4. El carcelero - Cuando el carcelero abrió sus ojos, encuentra que su mundo había sufrido cambios. Los cimientos habían sido estremecidos, las puertas abiertas y las cadenas sueltas. Sólo una conclusión era posible en ese escenario: los presos han huido. Él sabía bien lo que le esperaba en una situación como ésa. Un carcelero que pierde a sus presos, pierde su vida. Por eso, cuando se encontró con esa encrucijada, pensó que sólo había una salida:

quitarse la vida. Llegó a la conclusión de que los presos se habían escapado. Él no revisó si los presos se habían ido. Por una falsa percepción, estuvo a punto de perderlo todo. Es que hay muchos que toman decisiones permanentes en condiciones temporeras. Muchos echan a perder toda una vida de promesas, sólo porque llegaron a la conclusión de que las cosas no iban a su favor.

5. Todos estamos aquí - En medio de todo lo que vivía el carcelero, justo cuando estaba a punto de quitarse la vida, se escucha el clamor de Pablo, que grita: "No te hagas daño, todos estamos aquí". Justo cuando estuvo a punto de echarlo todo a perder, escuchó la voz que necesitaba escuchar: "No pierdas la esperanza, aún hay Dios entre nosotros".

No se te olvide. Él hizo y sigue haciendo proezas. Detente. Dios está pronto a hacer algo nuevo. He visto a muchos rendirse ante la vida y sus limitantes condiciones, sólo porque no saben que hay algo más. Han llegado a pensar que no tienen otra salida. Pero hoy Dios levanta a corazones valientes como los de Pablo y Silas, para que le recuerden, a las familias y a las naciones en este tiempo de incertidumbre, que no se hagan daño. Todavía hay Dios entre nosotros.

Recuerda, todavía estamos aquí...

capítulo 11

Lecciones para renovar tu pasión

"A Dios elevo mi voz suplicante;
a Dios elevo mi voz para que me escuche.
Cuando estoy angustiado, recurro al Señor;
sin cesar elevo mis manos por las noches,
pero me niego a recibir consuelo.
Me acuerdo de Dios, y me lamento;
medito en él, y desfallezco. Selah
No me dejas conciliar el sueño;
tan turbado estoy que ni hablar puedo" (Salmo 77:1-4).

ESTE ES UNO de los pasajes bíblicos que me han ayudado a tener una visión clara del poder que Dios nos ha otorgado para enfrentar los días de aflicción y angustia. Aquí hay varios puntos que debemos detenernos a evaluar. Con leer los primeros versos, es notable que algo significativo ha pasado. Algo fuera de lo común ha hecho que este hombre saque su mirada de su condición, y levante su clamor a Dios.

1. El punto de desesperación

Aunque nos parezca extraño, muchos no ven su necesidad hasta que se encuentran en medio de la noche oscura. Algunos pasan por situaciones difíciles, y no se ven inclinados a actuar con urgencia. Muchos pensamos que nuestras respuestas están en la tierra hasta que llegamos al punto donde la respuesta no está a nuestro alcance. Entonces nos damos cuenta de que sólo un milagro nos puede salvar. Allí se despierta un anhelo por Dios que nunca pensamos tener. Es la desesperación del alma, la insatisfacción del espíritu que gime por su Dios. Es el quebranto lo que nos ayuda a poner nuestro corazón en la perspectiva correcta. Allí comenzamos a alinearnos con los deseos del Padre.

"Podemos perder a Dios entre las maravillas de nuestro mundo." AW Tozer

Cuando nos encontramos con las insuficiencias de nuestra realidad, se hace imprescindible la realidad de Dios en nuestras vidas. Dios está constantemente anhelando revelarse a nosotros. Sin embargo, no es hasta que nuestro corazón asume la postura y sensibilidad apropiadas, que podemos entrar al lugar donde podemos verle revelado a nuestra vida.

Tal vez te preguntarás: ¿Dios anhela que siempre pasemos momentos de quebranto para verle revelado? La respuesta es un rotundo NO. Sin embargo, cuando hemos sido cautivados y distraídos por todo lo que tenemos delante de nosotros, nuestro corazón se torna insensible. Cuando nos olvidamos de Dios, poco a poco comenzamos a perder la sensibilidad que el corazón necesita. Nuestras prioridades comienzan a debilitarse y no nos damos cuenta. No es hasta que vemos el vino de la pasión comenzar a agotarse, que comenzamos a correr. Cuando sufrimos una crisis financiera, matrimonial, personal o laboral, el corazón recuerda lo que realmente importa en esta vida. Nos hace regresar al lugar de nuestros comienzos y el anhelo por Dios se hace incesante.

Muchos esperamos a vernos en situaciones adversas para comenzar a actuar como siempre debimos haberlo hecho.

2. Salir cuesta

Al estar en una situación adversa, muchos reconocen su necesidad y eso les hace levantar su voz a Dios en súplica. Desean que Dios les escuche y que les responda. Todo el que clama, lo hace con la intención de recibir respuesta. Sin embargo, algo contradictorio sucede en algunos casos. Elevan el clamor, buscan la respuesta y cuando la reciben, se resisten a ella. Algo poderoso limita su capacidad para salir de su pesar. Aún cuando reconocen que buscan a

Dios y elevan sus manos buscando consuelo, cuando la ayuda de Dios llega, se resisten a recibir lo que necesitan.

Esto me hace recordar un relato que leí en la revista Selecciones, hace un tiempo. La historia era sobre un hombre escalador que subía una montaña nevada y durante su aventura enfrentó algo imprevisto. Según el relato, una avalancha vino sobre la montaña y provocó que perdiera el control. Se salvó gracias a que quedó colgado de su soga de seguridad. Estuvo por horas allí en el aire. La neblina no le permitía ver a ningún lado y no sabía que hacer. Horas pasaron, la noche estaba cerca y sabía que debía actuar con rapidez. Si no lo hacía, podría morir por las frías y crueles temperaturas de la noche.

Cuenta la historia que pasadas las horas se preguntó: "¿Qué hago?" En ese momento escuchó una voz que le dijo: "Corta la soga." Lo pensó, pero se dijo a sí mismo: "Si lo hago, moriré." Las horas pasaron y el alpinista decidió hacer nada. A la mañana siguiente, los rescatistas encontraron el cuerpo muerto de aquel alpinista, colgando a sólo unos pies de la superficie. Los rescatistas se miraron con asombro, pensando cómo alguien pudo haber muerto tan cerca de la planicie.

No conozco cuán real puede ser esta historia, pero a muchos nos puede suceder así. Preferimos quedarnos inertes, aún cuando eso signifique perderlo todo o ganarlo todo, sólo porque la respuesta que hemos recibido no es la que esperábamos.

3. Una actitud correcta abre puertas necesarias

Cuando nos enfrentamos a tiempos de tristeza y angustia, la situación que enfrentamos nos lleva a acordarnos de Dios. Traer a Dios a la memoria a Dios provoca el despertar de nuestra fe. Sin embargo, al levantar la voz de queja, se nubla el pensamiento y desfallece la fe. La queja es dañina, engañosa y destructiva.

El enemigo sabe cuán poderosa es una mente que recuerda que Dios está cerca y dispuesta a obrar. Eso hace que el corazón se avive en fe. Por eso, si olvidamos lo que Dios ha hecho, nos sentiremos olvidados por Dios. Si sentimos que Dios se olvida de nosotros, pensaremos que no tenemos razones para seguir luchando, y nuestra pasión y fe se encontrarán de brazos caídos. Al ver las adversidades que vivimos, nos sentimos incapaces de enfrentar lo que tenemos delante y ahí viene el momento de la decisión. ¿Mantendremos una actitud correcta o una que debilite nuestra fe? ¿Tendremos la capacidad de ver más allá de lo que tenemos delante o se rendirá nuestro corazón? ¿Le daremos lugar a la actitud de agradecimiento o cultivaremos la queja en nuestro corazón? Yo creo, es más, ya puedo ver que hoy se levantan corazones dispuestos a darle lugar a una actitud de agradecimiento en su corazón.

La queja es una de las armas más poderosas que el enemigo tiene para debilitar nuestra pasión por todo le que nos rodea: la familia y lo que un día amamos con todas nuestras fuerzas. Si deseas debilitar tu amor por algo, comienza a quejarte. Si deseas fortalecerlo, empieza a afirmar con palabras de amor y agradecimiento lo que deseas fortalecer.

El lamento engrandece las debilidades, limitaciones y nos distorsiona la realidad. Nos da un sentido de impotencia y pequeñez. Desde ese punto, nunca vemos cómo podemos resolver los problemas que enfrentamos. Al quejarnos, nuestra mirada se quita de Dios y se enfoca sólo en el problema. La queja levanta un altar a los problemas y situaciones, pues ponemos las debilidades, barreras y circunstancias como centro de nuestra vida. No vemos soluciones, sólo los impedimentos. Ella te hace olvidar lo bueno que has vivido y todo lo que Dios ha hecho en tu vida. Quejarnos nos pone a nosotros como centro de la vida y desde allí nada se ve objetivamente. Nos ponemos en el rol de víctima. Aquellos que asumen ese rol, nunca se sentirán con la capacidad de salir de sus situaciones. La queja debilita el alma y tu fe.

A veces necesitamos detenernos en el camino y mirar hacia atrás. Aunque pudo haber sido un camino zigzagueante y empinado, nosotros podemos ver cómo Dios nos dirige en su fidelidad.

"Debemos darle gracias a Dios por nuestras lágrimas. Ellas nos preparan para tener una visión más clara de Dios."
William A Ward

4. La trampa del silencio

En muchas ocasiones, el silencio podría ser una señal de prudencia, fortaleza interna y madurez. Sin embargo, si nos vemos callados en un momento donde hablar se hace necesario y podría ser vital, el silencio se convierte en señal de flaqueza.

"Aún el silencio habla." Proverbio africano

En tiempos de dolor y angustia, vemos a muchos siguiendo la tendencia natural de aislamiento y silencio. Parece que nos hace bien quedarnos callados, y aunque el alma parece sentirse satisfecha en ese estado, podría convertirse en un momento peligroso. No hay duda de que retirarnos a un lugar donde sólo tengamos silencio nos da un sentido de escape y seguridad. Sin embargo, para salir de donde estamos, necesitamos enfrentar la realidad que vivimos.

Aunque es cierto que muchos hemos aprendido a hacer silencio en tiempos de adversidad, la realidad es que aunque nuestros labios estén sellados, nuestra mente nos sigue hablando. Y es esa conversación interna la que se convierte en detonante de emociones, pensamientos y decisiones.

El hablar en el tiempo oportuno nos ayuda a organizar nuestros pensamientos, aclarar la visión y hallar dirección. El silencio puede convertirse en el mejor huerto para las dudas internas, tristezas, asuntos sin resolver y desaliento. Por eso, se hace necesario e imperativo que aprendamos a comunicarnos el día donde sentimos debilitarse nuestra pasión y fe.

Primero, debemos aprender a comunicarnos con Dios. Si sientes que tu corazón desfallece, no hay mejor lugar para derramar tu corazón que en la presencia de Dios. Si sabes que necesitas expresar tus preguntas y dudas, ve y corre a la presencia de Dios, y atrévete a hablar tal y como lo sientes.

Otro paso que te ayudará es buscar en su Palabra una respuesta a tu situación. Nada mejor que la respuesta precisa para el momento justo. Recuerdo un consejo que mi pastor Rey me regaló un día. Me dijo: "Jacobo, va a haber días donde tendrás que tomar la Palabra y al leerla, sentirás tu mente batallar contigo. Justo allí, comienza a leer las promesas de Dios en la Biblia con voz audible. Tal vez te dirás, ¿por qué leerla en voz alta si la puedo leer en mi mente? Claro que la puedes leer en tu mente, sin embargo, leerla en voz alta hace que se rompa el ciclo del silencio con una declaración tan poderosa como la Palabra de Dios. Además, hay algo poderoso que sucede cuando te escuchas a ti mismo declarando la Palabra de Dios. Todos tus sentidos comienzan a enfocarse en esa verdad. Es alinear tu mente y sentimientos a la verdad de Dios".

Recuerdo una noche donde mi mente estaba siendo bombardeada con tantos pensamientos. Sabía que debía hacer algo, pero me sentía emocionalmente comprometido para tomar una decisión sabia. Alguien se había puesto a hablar mentiras de nuestra familia y me entristecí. La situación se ponía peor cuando pensaba en todas las cosas que habíamos hecho para ayudar a esa persona. Recordé el consejo que me había dado mi pastor, y decidí comenzar a leer promesas que Dios nos dejó como regalo en su Palabra.

Mientras buscaba su presencia orando y leía en voz alta su Palabra, algo comenzó a cambiar en mí. Mi mente y corazón comenzaron a responder a la Palabra de Dios. Desde ese momento, comencé a ver diferente toda la situación. Ése es el beneficio de ver más allá de la situación que vivimos. Es la capacidad de elevarse en la cima de la montaña y ver más allá de tus límites.

5. Detente y medita

En el mundo en que vivimos, nos hemos acostumbrado a los días desenfrenados y a las agendas agitadas. Lo que antes parecía ser una vida demasiada ocupada, es ahora la norma. Aún la tecnología está diseñada para ayudarnos a lograr más cosas en menos tiempo. Hacemos muchas tareas, pero nos desconectamos de todo los que tenemos alrededor.

Por ejemplo, son muchas las veces que me he topado con este escenario. Entro al restaurante y diviso a un grupo de varias personas sentadas ante una mesa. De primera vista uno logra identificar que todos se habían puesto de acuerdo para comer y compartir juntos un buen rato. Sólo hay un detalle. Si miras bien, ves a cada uno de las personas con teléfono celular en mano, hablando con otra persona que no está en la mesa. ¿Cómo es que podemos olvidarnos que la meta de estar juntos es compartir?

No pretendo que volvamos a la edad de piedra. Ni mucho menos pienso que todos los tiempos antiguos fueron mejores. Los que me conocen saben que uso y disfruto la tecnología. Es más, soy fanático de todos los inventos, recursos y medios que la modernidad nos provee para servirnos. Sin embargo, me he dado cuenta de que muchos tenemos los teléfonos celulares más costosos y capacitados que hay en el mercado, y aún así no logramos mejorar nuestra comunicación.

Muchos estamos tan agitados en nuestro diario vivir que se nos olvidan las razones principales de nuestras actividades. Por ejemplo en este caso, un grupo reunido para comer y compartir en un restaurante, debió haber servido como un buen momento para que pudieran detenerse, hacer una pausa, comunicarse entre sí. Seguro que ese momento ayudaría a mantener fresca nuestra conexión. No sé, pero me parece triste que aún teniendo gente que tomó de su tiempo para estar a nuestro lado, prefiramos tomar un celular para conectarnos con uno que está a la distancia. Sabemos que hay excepciones, pero siendo honestos, las excepciones se han convertido en reglas.

Debemos aprender a atesorar el valor de tomar pausas en nuestros días y detenernos en el camino. Debemos hacer nuestra la costumbre de detener el ruido de la vida y reconectarnos con nuestras prioridades. Hay que tomar momentos efectivos para reflexionar en todo lo que estamos viviendo.

En los Salmos, esto se describe como *Selah*. Eran momentos

intencionalmente marcados en la lectura, donde el escritor procuraba dar una señal para que el lector se detuviera a reflexionar en lo que estaba leyendo. Es la pausa consciente y necesaria en medio de lo que haces, que te lleva a reflexionar y ordenar tus pensamientos. Tengo la certeza de que a esta generación le hacen falta más *Selah*.

¿Qué pasaría si cada uno dedicara más tiempo de su vida a contemplar y reflexionar sobre sus pasos? Estoy seguro de que muchas de nuestras decisiones serían diferentes. Creo que muchos de nuestros pasos serían más seguros. Cada uno de nosotros debe crecer en este tipo de ejercicio: momentos donde pausemos intencionadamente y nos alejemos del ruido de la vida, para pensar y hacernos preguntas inquisitivas que revelen el estado de nuestro corazón.

Aquí el salmista hizo una pausa para preguntar. Muchos no encontramos soluciones a nuestros conflictos, no porque no existan soluciones, sino porque no nos detenemos a buscarlas. Muchos no hallamos cómo renovar nuestras relaciones sencillamente porque no nos hemos detenido a mirar nuestro camino y ver dónde fue que se agotaron.

Un ejemplo del beneficio de detenernos en el camino está en la siguiente historia. Un hombre retó a otro a una competencia de cortar árboles. El retador trabajó muy duro, deteniéndose solamente para un breve descanso durante el almuerzo. El otro hombre disfrutó de un buen tiempo libre, de almuerzo, y además, tomó varias pausas de descanso durante el día. Al final del día, el retador estaba sorprendido y enojado al enterarse de que el otro hombre había cortado sustancialmente más árboles que él.

"No lo entiendo." Mirándolo, continuó: "Cada vez que lo veía, usted estaba descansando, y aún así cortó más de los que yo pude cortar".

"Pero no te diste cuenta," contestó el leñador que había ganado, "de que afilaba mi hacha cada vez que me sentaba a descansar" (L.S. Chafer).

Toma tiempo en medio de todo lo que vives y disfruta momentos intencionados para afilar tu hacha. Tal vez te sientas agotado pero, ¿cuándo fue la última vez que afilaste tu hacha?

"Si el hacha pierde su filo,
y no se vuelve a afilar,
hay que golpear con más fuerza.
El éxito radica en la acción
sabia y bien ejecutada"
(Eclesiastés 10:10).

6. Preguntas necesarias

Cuando las cosas no salen como esperamos, trataremos de buscar a un culpable de todo lo que nos pasa. El primero que lo hizo fue Adán, al decirle a Dios que la culpa de lo que había pasado la tenía su mujer. ¡Qué bravo! Desde entonces, la naturaleza caída nos lleva a hacer lo mismo. Es parte de nuestra defensa buscar la culpa en otros, para evadir nuestra propia responsabilidad.

Ahora, en medio de una pasión decaída, debemos buscar la raíz de lo que sucede para restaurar nuestras prioridades, intenciones y propósitos. Un tiempo de reflexión nos hará bien si sabemos qué hacer en medio de la soledad y la tristeza.

«¿Nos rechazará el Señor para siempre? ¿No volverá a mostrarnos su buena voluntad? ¿Se habrá agotado su gran amor eterno, y sus promesas por todas las generaciones? ¿Se habrá olvidado Dios de sus bondades, y en su enojo ya no quiere tenernos compasión?» Selah

El salmista se acordó de los cánticos de noche y se hizo las preguntas necesarias. Como expliqué anteriormente, la mente siempre provoca una conversación interna. Muchas veces ni nos damos cuenta, pero en esas comunicaciones y conversaciones internas se dirigen nuestros pasos.

En este caso, el salmista supo qué preguntarse. Nuestras preguntas provocan respuestas que necesitamos escuchar. Aprenderemos mucho de nosotros mismos: tanto de lo que preguntamos como de lo que contestamos.

Es interesante que las preguntas no estaban dirigidas a situaciones temporales, sino a llevar su corazón a recordar verdades eternas. Nota que no preguntó: "¿Te sientes mal? ¿Por qué siempre te dejan solo?" Para nada, sus preguntas estaban dirigidas a recordar las verdades eternas de Dios y sus Promesas. Las preguntas tampoco giraban alrededor de sí mismo, sino desde la perspectiva del amor de Dios. Muchas cosas cambian en el corazón cuando vemos lo que vivimos desde la perspectiva del amor del Padre.

En medio de este mundo cambiante, debemos recordar las cosas que todavía están firmes, los principios eternos. Este Salmo nos invita a recordar lo que tenemos delante, en lugar de enfocar nuestra mirada en lo que no tenemos.

A la hora de buscar respuestas, he visto que existen varios tipos de personas.

1. Aquellos que buscan respuestas superficiales para asuntos trascendentales.

2. Los que toman decisiones permanentes a base de situaciones temporeras.

3. Por último, están los que aprenden a elevar su mirada más allá de lo que viven. Estos últimos ven prosperar su caminar y viven en paz.

Te preguntarás por qué es tan importante hacer las preguntas correctas en medio de la angustia o desaliento. Ellas son necesarias porque nos ayudan a poner nuestro enfoque en el lugar correcto. Sin embargo, para que esto suceda, debemos hacer la pregunta correcta, para provocar la respuesta indicada. Para esto debemos enfocarnos en preguntas que no estén girando alrededor de lo incidental, sino en lo eterno. Preguntas que nos lleven a mirar más allá de lo que estamos viviendo hoy.

Te regalo los siguientes consejos:

1. Tus preguntas no deben dirigirse a otorgarle responsabilidad a otro, o a juzgar sus intenciones. Eso es campo peligroso.

2. Tus preguntas no deben enfocarse en ti. Por ejemplo: ¿Por qué nadie me ayuda? ¿Por qué siempre me pasa a mí? Ese tipo de pregunta te lleva a una trampa imposible de escapar, a un callejón sin salida.

3. Las preguntas deben basarse en verdades que te han sostenido. Recuerda cómo llegaste a donde estás, qué te ha sostenido hasta hoy y qué tendrás a tu disposición mañana. El salmista comienza a hacerse las preguntas que lo ayudan a devolverle la visión en medio de su ceguera temporera. Cuando pasamos por tiempos de desánimo, la realidad se desvirtúa y nuestra visión se afecta seriamente. Por eso es que las preguntas son tan claves.

La primera pregunta del salmista: "¿Desechará el Señor para siempre y no volverá más a sernos propicio?" Su respuesta es un rotundo "no". Él sabía que Dios no lo dejaría. Esa pregunta confronta su confusión mental y lo hace correr a la verdad eterna.

Luego de la primera pregunta se dice: "¿Ha cesado para siempre su misericordia?" En otras palabras, ¿dejará Dios de tener misericordia con nosotros? Ése es el tipo de pregunta que lo lleva a recordar las misericordias eternas de nuestro Dios. Prosigue diciendo: "¿Se ha acabado perpetuamente su promesa"? La primera pregunta trataba con el tema del amor eterno de Dios; la segunda, con su misericordia. La tercera tocaba un tema muy necesario. ¿Se agotó la fidelidad de Dios? Claro que no. Sabemos muy bien que la fidelidad de Dios sigue presente, pero debemos recordarla en el día de la prueba.

¿Se le habrá olvidado a Dios hacer lo que sólo Él sabe hacer? ¿Se habrá olvidado que sólo Él es el Padre de misericordias? ¿Habrá decidido Dios ir en contra de su naturaleza? Claro que no. Dios es el mismo ayer, hoy y siempre. Por eso es importante que recordemos que Dios no olvida quién es Él. Una buena pregunta que nos podemos hacer es: ¿Se nos olvida a nosotros quién es Dios y cómo es Él? Dios es el mismo. Su amor es para siempre. Su fidelidad no se acaba. Por un momento será su ira, pero su amor dura toda la vida.

Cuando empezamos a ver todo desde el punto de vista de Dios, vemos cómo todo lo que nos parecía amenazante, se hace nada ante el gran poder de Dios. Nuestra fe se renueva, al entender que el ruido de las aguas que nos impedía escuchar la verdad, se va al vernos cara a cara con el Dios Poderoso, hacedor de lo imposible.

Todos podemos cambiar nuestros tiempos de desesperación en momentos de revelación. Si tan sólo recordamos que, en medio de lo que vivimos, Dios quiere revelarse. Si tan sólo guiamos nuestra mente para recordar lo que Dios significa para nosotros y lo que ha hecho por nosotros, veremos nuestra realidad ser visitada por la grandeza de Dios.

Te invito a que hagas esta oración conmigo:

Señor, ayúdame a detenerme para hacerme las preguntas que me lleven a recordar lo que tú has significado en mi vida, lo que has hecho por mí y lo que estás dispuesto a hacer hoy por mí. Cambia mis tiempos de desesperación por tiempos de revelación. Amén."

capítulo 12

¿Y si se me olvida?

*"En tus decretos hallo mi deleite, y jamás olvi-
daré tu palabra" (Salmo 119:16).*

S US ÚLTIMAS PALABRAS quedaron registradas. Hasta el día de hoy, no han pasado desapercibidas. Durante años había sufrido una difícil enfermedad. Ahora que tenía treinta y nueve años, veía su cuerpo rendirse ante tan duro padecimiento. La medicina del siglo 17 no encontraba respuestas para ayudarle a vencer esta lucha. Aún teniendo tantas razones para rendirse, decidió continuar a pesar de su aflicción.

Cuando nació, fue declarado un niño prodigio. Desde muy joven mostró capacidades intelectuales sobresalientes. Siempre pareció aprovechar sus capacidades al máximo. Las contribuciones hechas por este brillante francés han quedado grabadas y plasmadas aún después de su muerte, especialmente en campos como las matemáticas, mecánica, física, filosofía y religión. En honor a sus contribuciones científicas, se puso su nombre, Blaise Pascal, a un lenguaje de programación de computación, unidades de presión, además de otros conceptos matemáticos.

Luego de una vida mezclada entre logros intelectuales y una difícil enfermedad, Pascal, como se le ha conocido a este brillante científico, agonizaba el 18 de agosto del año 1662. Al otro día murió, siendo sus últimas palabras: "Permita Dios que nunca me abandone". Esa confesión fue la evidencia contundente de que una fe muy fuerte le permitía ver más allá de la enfermedad que deterioraba su cuerpo.

¿Qué le permitió poder declarar en el lecho de su muerte una aseveración tan firme? Tal vez esta nota nos arrojará un poco de claridad.

"Fuego. Dios de Abraham, Dios de Isaac, Dios de Jacob,
no de los filósofos y de los eruditos..."
    y concluía citando el Salmo 119:16: *"No me olvidaré de
tu palabra. Amén".*

Esta nota había sido escrita por el propio Pascal. La misma describía todo el proceso de su conversión. Él había cosido cuidadosamente esta nota en su abrigo. Cada vez que se cambiaba de ropa, la transfería a cada uno de los nuevos abrigos que usaba. Esta nota se conoce como la Nota Memorial de Pascal.

Pascal estaba determinado a recordar lo que Dios había hecho por él. Había hecho un ejercicio consciente e intencionado para mantener viva la memoria de lo que Dios había hecho en su vida. Él sabía bien que su condición era una difícil. Conocía bien que la enfermedad que enfrentaba podría hacerle olvidar fácilmente lo que Dios había hecho con él hace años atrás.

Es que no te he contado. Pascal, cuando era muy joven, había entregado su corazón a Cristo. Su vida había sido fuertemente influenciada por esa decisión. Sin embargo, en el año 1646 su padre tuvo un accidente, resbalándose y cayendo en el suelo cubierto con hielo. De esta caída, su padre sufrió una fractura en su cadera. Nunca pudo recuperarse de este accidente y murió en el año 1651. Este proceso devastó el corazón del científico.

Según la historia, a raíz de todo esto decidió olvidar la fe que un día había sido su salvación. En octubre del 1654, Pascal estuvo muy cerca de la muerte por un accidente en su carroza, donde sus caballos sufrieron la peor parte, salvándose solamente él. Ese día decidió regresar a la fe del Dios que restaura y da nuevos comienzos.

Esa experiencia le hizo decidir que haría todo lo que estuviera a su alcance para cuidarse de no olvidarse del Dios que había ido a visitarle y amarle. Conforme a los registros, en noviembre del mismo año, luego de una experiencia muy intensa y personal con Dios, escribe la nota que luego fue encontrada. Había decidido no olvidar. Decidió no olvidar la Palabra y la gracia de Dios. Nadie sabía que dentro del abrigo del científico, allí cerca del corazón, llevaba consigo un recordatorio de por qué estaba allí.

Su condición nunca mejoró. De hecho, sólo empeoró, pero su corazón tenía una fuente viva que le hacía recordar por qué estaba de pie. Allí en medio de su dolor, enfermedad y aflicción, podía encontrar razones para bendecir a Dios a pesar de todo lo que experimentaba. Recordando su Palabra, recordaba que Dios seguía siendo fiel. Al tener la nota consigo, traía a memoria las obras y prodigios de nuestro gran Dios. Ahí estaba la razón para haber confiado en Dios aún hasta el fin de sus días.

La pregunta sigue presente...

"Papi ¿y si se te olvida?"

Todavía, después de tanto tiempo, la pregunta de mis hijas seguía presente en mi interior. No sólo me habían preguntado por qué los papás se divorciaban, sino querían tener claro si Raquel y yo, nos divorciaríamos algún día. Todas estas preguntas se quedaron en mí, pero la que más me sorprendió fue: "¿Y si se te olvida?"

Sabía bien que esta pregunta no venía sólo del corazón de mis hijas. Dios mismo me estaba haciendo esta pregunta. Me presentaba una lección que no debía olvidar. Muchos de nosotros podemos dar por sentado que vamos a permanecer con la misma fe y pasión que tuvimos en un comienzo pero, ¿realmente estamos cultivando la fe?

Para Dios, el ejercicio de recordar es muy importante. Dios muchas veces en su Palabra le recordó a su pueblo que recordara sus obras, milagros y mandamientos. Para Dios, este tema de recordar es muy importante. Es lo que nos permite mantener nuestro corazón conectado a las motivaciones correctas y las intenciones puras. Es lo que nos permite mantener nuestra mirada enfocada. Es lo que provoca que nuestras prioridades estén colocadas en su lugar correcto.

Recordar nos permite tener presente lo que Dios ha hecho por nosotros; lo que Él hace hoy y seguro hará mañana. Es esencial para mantener vivo lo que Dios es y lo que puede ser en nuestras vidas. Al mantener vivas en mi memoria las grandezas de Dios, ya no vivo esclavo de mi condición, sino de lo que Dios es y lo que sólo Él puede hacer. No olvidar nos permite cuidarnos de aquellos elementos que poco a poco deshidratan nuestro corazón, pasión y fe. Es el ejercicio que nos ayuda a mantener avivadas nuestras relaciones, y renovadas nuestras actitudes y motivaciones, día tras día.

Si vamos a la historia y vemos en el capítulo 4 del libro de Josué cuando todo el pueblo de Israel cruzó el Jordán, Dios le hace una petición especial. Él les pide que al cruzar al otro lado, levanten unas piedras como un monumento conmemorativo. Esas doce piedras, que serían puestas luego de cruzar el Jordán, tenían la intención de que el pueblo y sus hijos nunca olvidaran lo que el poder de Dios había hecho por ellos.

"Cuando toda la gente hubo acabado de pasar el Jordán, Jehová habló a Josué, diciendo:

Tomad del pueblo doce hombres, uno de cada tribu, y mandadles, diciendo: Tomad de aquí de en medio del Jordán, del lugar donde están firmes los pies de los sacerdotes, doce piedras, las cuales pasaréis con vosotros, y levantadlas en el lugar donde habéis de pasar la noche.

Entonces Josué llamó a los doce hombres a los cuales él había designado de entre los hijos de Israel, uno de cada tribu.

Y les dijo Josué: Pasad delante del arca de Jehová vuestro Dios a la mitad del Jordán, y cada uno de vosotros tome una piedra sobre su hombro, conforme al número de las tribus de los hijos de Israel, para que esto sea señal entre vosotros; y cuando vuestros hijos preguntaren a sus padres mañana, diciendo: ¿Qué significan estas piedras?

151

les responderéis: Que las aguas del Jordán fueron divididas delante del arca del pacto de Jehová; cuando ella pasó el Jordán, las aguas del Jordán se dividieron; y estas piedras servirán de monumento conmemorativo a los hijos de Israel para siempre" (Josué 4:1-7).

Vemos que ésta no fue la única ocasión en que se levantó un recordatorio como éste. Jacob lo hizo después de su experiencia sobrenatural, y el pueblo de Israel lo hizo luego de una victoria ante su enemigo. Samuel hacía lo que todos debemos hacer en medio de las amenazas que enfrentamos: levantó adoración a Dios. La adoración es la respuesta que debemos tener al amor que Dios ha hecho manifiesto hacia nosotros. Es uno de los vehículos dados por Dios para despertar nuestra conexión con el cielo, en medio de nuestros conflictos aquí en la tierra.

¿Ahora qué?

Dios sabe bien que aún después de experimentar un milagro impresionante que parecía ser imposible de olvidar, la rutina nos puede llevar a olvidar lo que jamás pensábamos olvidar. Los mismos que pensaron que jamás iban a olvidar el día que recibieron el milagro de su trabajo, se vieron cruzando las vías del olvido. Perdieron la intensidad, la entrega y el agradecimiento que tuvieron ese primer día. La fe y la pasión en aquel Dios que un día les devolvió todo en la vida, comenzó a debilitarse.

Sin darse cuenta, poco a poco el corazón comenzó a debilitarse. Las cosas que antes brindaban entusiasmo, ahora se veían diferente. Podían observar que cada vez más la queja era parte integral de su lenguaje, pero nunca hicieron nada para cambiar de dirección. La dejadez y el cansancio parecían ser sus fieles compañeros. Sus sueños y expectativas empezaron a tomar un leve reajuste.

Siguen adelante, pero ya perdieron el sentido de todo lo que hacen. Esto no es nuevo. Lo vemos en la Biblia, que está llena de personajes como tú y como yo, que sencillamente olvidaron. Cuando olvidaron, vieron su fe debilitarse y su pasión desgastarse.

Una de las cosas que me llama la atención de la Biblia es que no sólo muestra los lados victoriosos de hombres y mujeres de Dios, sino también sus días oscuros…esos días vergonzosos que pudieron y tal vez debieron pasar al olvido. Pero no; Dios los dejó allí como lecciones valiosas para ti y para mí.

Durante mucho tiempo no entendía por qué Dios había permitido que tantos momentos así quedaran plasmados para la eternidad. Después de haber caminado un poco y haber tropezado como ellos, me he percatado de que esas historias están allí para que recordemos varios puntos valiosos.

1. El ver en las Escrituras personas con debilidades como las tuyas y las mías, me permite identificarme con ellos y tener la fe para saber que así como Dios lo hizo con ellos, lo puede hacer con nosotros.

2. Me anima ver que Dios haya tenido en cuenta a gente con debilidades tan reales como las nuestras. Nos debe brindar esperanza saber que Dios puso su mirada en ellos a pesar de su condición. Nos debe estimular nuestra fe al creer que Dios puede hacerlo con nosotros también. Él puede restaurarnos, levantarnos y enviarnos con poder como lo hizo con ellos. Nuestro Dios es un Dios que nos tiene en cuenta a pesar de nuestra debilidad. Nuestra debilidad no es un límite para Dios.

3. El ver que otros que han caminado tan alto se vieron vulnerables cuando olvidaron sus valiosas lecciones de vida, me hace pensar que a todos nos puede pasar algo así. Debo abrazar la humildad suficiente para permitirme a mí mismo aprender de los errores de otros, y reconocer que esa debilidad está en mí. No podemos pretender haberlo aprendido todo. Debemos tener sed por aprender continua y diariamente. Debemos comprometernos a

cultivar nuestra fe y nuestra pasión con tenacidad y perseverancia.

Dios anhela que hoy podamos aprender a cultivar nuestro primer amor y nuestra primera pasión. ¿Estás dispuesto? Vamos.

Señales en el camino

Hay señales que nos permiten reconocer cuán fuerte y vibrante está nuestra pasión. En nuestro caminar, veremos el fruto de una vida que disfruta de comunión. Lo difícil es identificar cuándo la pasión comienza debilitarse.

Podemos ver las señales en nuestro diario vivir. Nos hemos acostumbrado a ellas. Tal vez hemos visto debilitarse la frescura y el entusiasmo que nos caracterizaba. Ninguno de los que han renunciado a la vida llena de pasión y fe lo hicieron de la noche a la mañana. A todos les pasó poco a poco. Hubo cambios que empezaron a ocurrir, pero los ignoraron. Prefirieron no prestarles atención. Muchos nos damos cuenta tarde. Un tiempo después, comenzamos a ver debilitado nuestro corazón, y no sabemos qué hacer. Es allí cuando empezamos a despertar a la realidad de que algo nos ha sido robado.

El enemigo vino a matar, robar y destruir. Su agenda es clara. Él desea matar aquello que un día te dio un nuevo comienzo. Quiere robar la pasión que te ha sostenido y destruir la fe que en el valle de sombra avivó y puede volver a avivar tu alma.

"Sobre toda cosa guardada, guarda tu corazón porque de él mana la vida" (Proverbios 4:23).

Nuestra pasión y nuestra fe se cultivan en el corazón. Cuando hablo del corazón, no me refiero al órgano físico, sino al centro de nuestras motivaciones e intenciones. Es el lugar donde se cruzan los pensamientos y las emociones. En nuestro corazón se determina nuestra voluntad. Es donde se ejercen nuestras decisiones. Es allí donde cultivamos nuestra pasión. Los pensamientos que cultivemos van a darle dirección a nuestra fe y pasión.

El corazón es como el huerto que debemos cultivar. Todos sabemos bien que ningún jardín muere de un instante a otro. Si descuidamos la actitud de velar y cuidar nuestro jardín, no nos percataremos de las señales de debilidad que nos va dando. No soy jardinero, pero he aprendido la perseverancia que se requiere para cultivar la vida en el corazón. Sin embargo, hoy Dios quiere despertar tu corazón una vez más. Desea regresarte la intención y el entusiasmo perdidos.

Un ejemplo

Era nuestra primera casa. Recién la habíamos adquirido. Teníamos muchos sueños con todo lo que esperábamos vivir juntos como familia en aquel lugar. Cada rincón de la casa nos brindaba una emoción incontenible al pensar en todas las cosas nuevas que surgirían.

Recuerdo una tarde, poco después de habernos mudado, que mi hija mayor, Hosanna, que en ese momento sólo tenía dos años, corrió por el patio y se abrazó a una esquina de nuestra casita. Allí, sujetándose con todas las fuerzas que podía encontrar en su pequeño cuerpo, gritó fuertemente: "Papi, esta casa es mía".

No podía creerlo. Quedé congelado. Traté de tragar y parecía imposible. Es que no me lo esperaba. Me tomó totalmente por sorpresa. Sus palabras hicieron que mis mejillas se bañaran de lágrimas, mientras mi rostro se llenaba de emoción. Algo nuevo estaba pasando, no solamente en mi vida, sino en la vida de mi hija. Eso es tener mentalidad de un hijo sano. Sabía bien que todo lo que los padres obtienen es de los hijos también. Dios me estaba enseñando una lección que no debía olvidar.

La casa estaba en necesidad urgente de algunos arreglos. De todos lo que deseábamos hacerle, uno de los más queridos era el jardín. Nuestra casa ideal llevaba unas impresionantes palmeras junto a relajantes y coloridas plantas tropicales.

Luego de comprar los elementos vitales como tierra, plantas

y herramientas, me dispuse a empezar la obra. Con los guantes relucientes en mano y el sol candente acariciando mi cuello, agarré el pico y lo dirigí con fuerza a la tierra. Algo sonó. Recordé a un vecino haberme dicho: "Aquí nadie tiene jardines, Jacobo. No lo intentes. La tierra no es gentil con las plantas aquí". "Tal vez tendrá razón el vecino", pensé al escuchar el fuerte sonido y al sentir el rebote de la herramienta.

Lo intenté una vez más, poniendo una dosis mayor de fuerza e intensidad. La tierra parecía resistirse al pico y la pala. Lo intenté por tercera vez, y noté que algo sobresalía de la tierra. Comencé a buscar bajo la superficie a ver cuál era el motivo de la resistencia y noté lo que había. Agarré un pequeño pedazo de piedra y me percaté de que había algo más. Un gran pedazo de concreto parecía exponerse. Profundicé un poco más y había varillas de hierro para construcción. Pensé para mí, he escuchado de la selva de concreto, pero ¿a quién se le ocurre sembrar cemento?

La tarea me consumió mucho tiempo. Tuve que retirar cada escombro que habían dejado allí. Más tarde me enteré de que, durante la construcción del desarrollo residencial, se había utilizado escombros para rellenar las entradas de las casas. Seguro que habrá sido una buena idea, pero parece que nadie consideró que alguien quisiera sembrar su jardín soñado. Muchos tomamos acciones hoy sin considerar las consecuencias del mañana.

Me costó mucho esfuerzo restaurar la tierra y ponerla en condiciones para la siembra. ¡Vaya proyecto para comenzar mi carrera de jardinero! Pusimos tierra nueva y después de prepararla, sembramos el jardín. El jardín crecía, y meses después se veía precioso. Disfrutaba mucho llegar a la calle donde vivíamos y encontrarme con el jardín, frente a nuestra casa. Todo lo que había tenido que pasar para sembrarlo había pasado a segundo plano. Ahora sólo disfrutaba el resultado de nuestro esfuerzo.

Muchos queremos cultivar cosas nuevas y frescas en nuestras vidas, pero no hemos retirado los escombros que han limitado nuestro crecimiento. Si yo no me hubiera detenido a sacar cada pedazo de escombro, basura, metal que estaba oculto en la tierra, hubiera tenido el mismo fracaso que muchos enfrentaron al cultivar su jardín. Intentamos cultivar nuestra pasión, pero ignoramos los escombros que limitan su crecimiento. Necesitamos retirar los factores que limitan el jardín de nuestro corazón. Luego de retirar esos factores, debemos renovar la tierra que nos permitirá ver el fruto renovado. Recuerda, como todo jardín, es necesario que podamos cultivar nuestro corazón. De ahí mana la vida. De ahí se despierta la pasión para todo lo que anhelamos. La pasión no es algo que surge sin un consciente e intencionado esfuerzo de cultivo. Lo que no se cultiva y atiende en el corazón, paulatinamente se empobrece y debilita.

Hoy Dios viene a hablarte de manera clara. Viene a despertar tu corazón una vez más y a decirte: "¡Claro que sí! Hoy puedo hacer cosa nueva en ti. Quiero renovar tu entristecido corazón y despertar tu fatigado espíritu". Dios viene a tu orilla a despertar los sueños olvidados, a renovar las promesas dejadas atrás y a restaurar tu afligido corazón.

En los asuntos del corazón, la pasión sí da señales de que las cosas no marchan bien. Nos deja saber cuándo se ha alojado en nuestro jardín algún factor limitante. En medio de lo que vives, Dios viene a mostrarte las señales en el camino para que puedas comenzar a vivir una vida nueva en Él.

Identifica tus factores limitantes

Dios le advirtió al pueblo de Israel que al llegar a la tierra prometida, podían entrar en una situación peligrosa. Lo hizo porque les amaba. Él conoce bien nuestra naturaleza y sabe dónde podríamos encontrar algunos tropiezos. Te presento algunos de los factores limitantes de los que Dios deseaba cuidar a su pueblo.

1. Síndrome de la tarea cumplida

Cada vez que alguien logra con esfuerzo y sacrificio una meta, puede entrar en esta zona peligrosa. Le pasa al atleta que, después de un régimen disciplinario, al terminar su entrenamiento decide echar a un lado toda esa disciplina, y en meses se encuentra en condiciones pésimas. Le puede pasar al empleado que estuvo esforzándose para lograr la meta de ventas y luego de obtener el logro, pierde la intensidad.

Lo vemos en las relaciones. Son muchas las veces que he visto este escenario en nuestras consejerías. Ella me pregunta qué le pasó al hombre que la enamoraba cuando eran novios. "Alguien me lo debió haber cambiado luego de la boda". Luego de sus palabras, le pregunto: "¿Por qué piensas así?" "Es que desde que nos casamos ya él no hace las cosas que solíamos hacer", me contesta.

Esta pareja que se veía haciendo lo que fuera por conquistarse, desde que se casaron sienten que no tienen por qué esforzarse. Ya la conquista terminó. Se les olvida que esto es un asunto de por vida. Todavía hay áreas para crecer, lugares para conquistar y conocer. A muchos se les olvida cultivar aquello que un día les llevó al lugar donde están.

¿Dónde quedaron las citas de amor? En el caso de las amistades, ¿dónde quedaron las conversaciones que nos hacían disfrutar de tanta comunión? Con nuestros hijos, ¿dónde ha quedado esa búsqueda de conocer su corazón? Luego les preguntamos cómo están. Supimos hacer el esfuerzo para conocerlos en una etapa de sus vidas, pero cuando pasó el tiempo nos convertimos en extraños.

En el boxeo, se dice que uno de los momentos más peligrosos en un evento es justo cuando la campana suena al final de un asalto. ¿Por qué? Precisamente porque es allí, cuando suena la campana, que muchos bajan sus defensas y reciben golpes que nunca debieron recibir si hubieran estado alertas. Una cosa es evidente. Esa intensidad que se pone mientras se persigue la meta, nos mantiene alertas, avisados y preparados. Cuando bajamos esa intensidad, no nos damos cuenta de que nos exponemos a peligros que nunca hubiéramos permitido que entraran en nosotros.

El síndrome de la tarea cumplida no es otra cosa que una búsqueda de gratificación personal luego de tanto esfuerzo. Procuramos descansar después de tanto afán, o premiarnos para compensar lo perdido o sacrificado. Es como si buscáramos una recompensa después de todo el arduo trabajo invertido. Aunque ambas cosas no tienen nada de malo, si no ponemos fronteras podríamos perdernos en el camino.

2. Dar por sentado

Éste es uno de los escombros que querrá ahogar tu pasión. Viene sutilmente y sin avisar, cuando nos sentimos seguros y todo parece estar a tu favor. Sucede en la relaciones cuando ya no eres tan expresivo como antes, y no necesitas pasar tiempo con tu pareja. Ya no es tan común el "te amo". Te das cuenta, pero regresas al mismo punto: "¡Ella sabe que yo le amo!" Empezamos a dar por sentado que todo está bien.

Podemos palpar esta actitud cuando notamos que el comentario que hicimos en el trabajo ofendió a nuestro compañero. Pero quedamos indiferentes. Ya no nos importa. Tenemos claro que lo que dijimos pudo haber sido ofensivo y sentimos que deberíamos acercarnos y pedir disculpas. Pero no, nos convencemos a nosotros mismos diciendo: "Él sabe que fue jugando". Estas justificaciones comienzan a evidenciar una realidad que se manifiesta en nosotros. El corazón se ha desgastado y debemos actuar rápidamente. Si no tomamos acción, nuestras relaciones comienzan a deteriorarse solamente porque comenzamos a dar por sentado lo que nunca debimos.

Muchas veces en la vida damos por sentado que todo seguirá bien, de la manera en que ha sido siempre. El padre piensa que el hijo nunca enfrentará tentaciones, y por eso nunca le habla del tema. El empleado cree que el trabajo siempre va a estar, ¿por qué esforzarse? Cada uno con su pensamiento se llega a convencer de que no tiene por qué ir más allá. Unos comienzan a dar por sentado que su esfuerzo nadie lo valora. Poco a poco, menosprecian lo que tienen y ya no sirven con toda pasión e intensidad.

Hemos creído que nuestro conocimiento es suficiente. Le decimos a Dios: "Yo sé bien cómo hacerlo". Estamos dando por sentado que no necesitamos correr hacia Dios para pedir instrucciones; que no hay que regresar para ser agradecido. Total, "Dios conoce mi corazón". No nos damos cuenta de que no es Dios quien lo necesita. Somos nosotros. Dios no tiene necesidad de nosotros. Él solo pide que entremos por sus puertas con acción de gracias, para que mantengamos nuestro corazón en el lugar correcto.

¿Qué pasó con la dependencia de corazón que un día tuvimos? ¿Dónde quedó el corazón que anhelaba escuchar las instrucciones de Dios en el desierto?

A los padres, entiéndanlo bien, la decisión de dar por sentado las cosas no sólo te afecta a ti. También afecta gravemente a tus hijos. ¡Cuántos hijos han estado toda una vida sin saber que sus padres les amaban porque los padres dieron por sentado que ellos sabían que eran amados! He hablado con muchos padres confundidos. Al llegar, me cuentan que siempre decían: "Ah, es que mi hijo es puro, yo sé donde él está y qué está haciendo". Dieron por sentado la condición del corazón de sus hijos, y nunca se sentaron a tener las conversaciones necesarias para cuidar su corazón. Hoy se confunden al ver la vida que han abrazado sus hijos.

En todas nuestras relaciones vemos escombros como éste siendo un agente limitante en nuestra pasión, fe y entrega. Sin darnos cuenta, se obstruye la madurez y el crecimiento de nuestras relaciones.

Para ayudarnos a contrarrestar este factor limitante en nuestra relación, mi esposa y yo hemos decidido hacer varios ejercicios que nos ayudan mucho a fortalecer nuestra relación. Comparto contigo dos de ellos:

1. De manera intencionada y programada, separamos tiempo para compartir a solas, como cuando recién nos conocíamos. Aprendimos que vivir enamorados no es un evento que sucede en una ocasión, sino un proceso que se camina día a día. Para esto, hacemos una cita de amor mensual, donde estemos solamente ella y yo, sin chicas, sin preocupaciones, ni preguntas ministeriales. Sólo ella y yo, alimentando nuestra amistad.

   Compartimos alguna actividad que disfrutemos:

una película, un buen restaurante, un café, una caminata o algo diferente, como montar a caballo. Vemos el programa de televisión que tanto nos hace reír. Ya sea que hagamos algo que hemos hecho ya, o algo nuevo lo que buscamos es tener experiencias frescas que cultiven nuestro amor. Procuramos disfrutar de nuestra amistad y reconectarnos con aquellas cosas que nos enamoraron la primera vez.

Sea donde sea que estemos, una vez allí, procuramos hacernos las preguntas que necesitamos hacernos y escuchar el corazón. ¿Cómo nos sentimos? ¿Cuáles son los sueños que arden en nuestro corazón? ¿Qué estamos disfrutando más de esta etapa de vida? Hemos aprendido que todas las personas cambian cada cinco años. La vida cambia y también nuestra manera de verla. Por eso, si no procuramos conocernos día a día, el tiempo pasa, cambiamos y nunca nos enteramos de esos cambios.

2. El segundo punto tiene que ver más con nuestra comunicación. Hemos decidido que, sea lo que sea que suceda o nos digamos entre nosotros, siempre va a haber una verdad que no quitaremos de nuestra mente. Yo sé que mi esposa me ama. Por eso, cuando ella dice algo que siento que me ha ofendido, nunca doy por sentado que ella quiso ofenderme o que quiere desquitarse conmigo. Como he decidido creer que ella me ama, me acerco a ella con la intención de saber qué le sucede, pues yo sé que ella me ama. Si tengo claro que ella me ama, sé que ella no habla de manera ofensiva para desquitarse, sino porque algo le sucede, y yo puedo y quiero ayudarle.

Esto cambió radicalmente mi paradigma o manera de percibir mis conflictos en la vida. Ya no estoy dando por sentado que la persona me quiere hacer daño o que lo hizo para desquitarse conmigo. Ahora me acerco dando el beneficio de la duda al amigo, compañero de trabajo, hijo o jefe. ¿Por qué? Decidí iniciar mis relaciones desde un punto de favor, en lugar de acercarme desde una perspectiva de prejuicio y resentimiento.

Hoy tú y yo podemos ver nuestras relaciones madurar si decidimos no dar por sentado cómo se siente el otro. He visto a muchos que se han detenido en el camino porque pensaron que la otra parte no quería saber de ellos. Cuán equivocados estaban. Les tomó años enterarse de que la otra parte también les extrañaba.

¿Será que hoy es un buen día para comenzar nuestras relaciones con un corazón renovado?

Claro que sí. Hoy Dios te extiende la oportunidad de restaurar lo que has dejado atrás. Decide hoy dar un buen vistazo a tu corazón y echar fuera todo agente limitante. Te invito ahora a pedirle en oración a Dios, que te permita renovar tu corazón y tus relaciones.

3. La costumbre de la rutina

Lo que pudo comenzar como un acto milagroso de provisión divina, con el tiempo se percibió como un inconveniente. El primer día todo era una delicia. Estaban en el desierto, tenían hambre y clamaron por algo nuevo. Me puedo imaginar sus caras cuando vieron caer maná desde el cielo. Algunos, con sus quijadas en el suelo, tratando de salir del asombro. Otros brincaban, corrían y gritaban, pues su entusiasmo era incontenible. Algunos tuvieron que haber pensado que todo era producto de su imaginación. Pero el tiempo les probó que Dios mismo les estaba ofreciendo esta contundente señal de su fidelidad y provisión. Él sería su provisión en el desierto. Él atendería sus necesidades.

Todos estaban deslumbrados con la muestra del poder de Dios. Seguro algunos pensaron que ése sería el mejor estado de sus vidas.

Sin embargo, los días pasaron y lo que al principio pareció ser algo novedoso e impresionante, se convirtió en una costumbre. Ahora el maná descendía y no provocaba nada en ellos. Lo recibían y ya no recordaban el milagro que el maná representaba: Dios mismo les daba de comer de su propia mano.

Con el tiempo, el mismo maná se convirtió en un fastidio para ellos. ¿Cómo fue que pasó? ¿Habrían cambiado la receta del maná? ¿Pudiera ser que el chef celestial de este gustoso manjar lo habían despedido? Claro que no. Todo seguía igual. Sólo que el corazón de ellos había cambiado. La actitud hacia el milagro era diferente.

He visto que el ser humano, si no se cuida, se puede acostumbrar a todo. Si olvidamos cómo fue que recibimos el milagro, perdemos de vista que sigue siendo un milagro lo que tenemos delante. Debemos cuidarnos de acostumbrarnos a lo extraordinario que vivimos. Cuando esto sucede, seguimos con la costumbre sin recordar por qué o cómo llegamos allí. Esto hace que se pierda el sentido de lo que vivimos.

Les doy un ejemplo. A comienzos del siglo pasado, la nación de Gales experimentó un despertar espiritual que cambió toda la fibra de ese país. Todo se vio trastocado: la educación, las familias, la justicia, entre otros. En fin, cada aspecto de esta sociedad estaba siendo conmovido. Los deportes públicos sufrieron un gran impacto. Se decidió que en los partidos de *rugby* y fútbol se cantaría himnos dedicados a honrar a Dios.

Cerca de un siglo después de este avivamiento espiritual, cada vez que se lleva a cabo un partido de *rugby* podrás escuchar a toda la fanaticada compuesta por miles y miles que cantan juntos himnos dedicados a Dios. El único detalle es que la gente no sabe por qué cantan y para qué cantan. Lo que al comienzo fue una buena oportunidad para honrar a Dios, hoy es sólo una rutina que pocos saben y entienden. Así nos pasa a muchos en la vida. Seguimos con la rutina, pero perdemos el sentido de por qué hacemos lo que hacemos.

Otra consecuencia es que la costumbre y la rutina nos llevan a menospreciar lo que tenemos delante. Lo que un día nos cautivó y

SI ACASO SE ME OLVIDA

nos dejó asombrados, pasando el tiempo se convierte en algo más, y pierde el valor. Ya no nos mueve. No podemos apreciar lo grandioso que sucede delante de nosotros.

El tercer y último efecto de la rutina es que al perder el sentido de lo que tenemos delante, llegamos a desear otras cosas que no han sido diseñadas para nosotros. ¿Recuerdan la historia de Israel? Después de haber sido liberados de años de esclavitud, y luego de haber visto el Mar Rojo abrirse en dos, Israel quería regresar a Egipto. ¿Cómo? ¡Así como lo leíste! Cuando se vieron cara a cara con el primer desafío, se les olvidó que el mismo Dios que lo había hecho ayer lo podía hacer hoy. Se les olvidó lo que habían vivido y cómo Dios les había liberado de la esclavitud. Es que cuando uno olvida, llega a desear vivir aquello para lo que no fue diseñado.

Rompe la rutina

Si sientes que la rutina está robando lo mejor de ti, te tengo buenas noticias. Hay manera de salir del ciclo dañino y peligroso de la rutina. Hay manera de romper el ciclo.

Recuerdo que una tarde, saliendo de la oficina, aprendí una de esas lecciones valiosas. Me sentía muy tenso. Estaba retrasado para un compromiso. La última consejería había tomado mucho más tiempo de lo que pensé. Salí en apuros hacia mi destino y cuando llegué a la avenida principal, había un tráfico insoportable. Al ver la gran fila de autos en el pesado tránsito de la tarde, sentí que el estrés estaba subiendo a niveles insospechados. Pensé en varias rutas alternas, pero era difícil salir de allí. Eran tantos los autos, que parecía estar atrapado entre ellos. Me sentí cansado, veía subir el metro de mi ira.

Pausa en el atardecer

En medio de todo me detuve y cerré los ojos, exclamando un gran "Dios, ayúdame". No se hizo esperar. Escuché un susurro, como una voz interna que me decía que tomara la carretera vieja. Sabía que el camino sería más largo, pero mucho más tranquilo.

Ahora, no sabía cómo salir del difícil tráfico. De la nada, autos comenzaron a moverse y vi mi salida.

Escapé de aquella tortura y me vi transitando por la carretera vieja. Esta vía es muy especial. Tiene una vista preciosa del mar. Yo vivo en la isla de Puerto Rico y pocas veces saco tiempo para detenerme a ver las bellezas que ofrece. Vivimos tan apurados que no nos tomamos el tiempo para disfrutar lo que tenemos delante. No es hasta que salimos de la bella Isla, que comenzamos a extrañar las cosas más simples.

Estaba a punto de llegar la caída del sol. Esa tarde algo me dijo que me detuviera. Rápidamente pensé que estaba tarde para el compromiso, pero decidí escuchar esa voz. Me estacioné con la vista del mar de frente. Pasaron los minutos, y el sol descendía, pintando el cielo con mil tonalidades de colores. Sin darme cuenta, me emocioné y lágrimas bañaban mis mejillas. Desde que tengo memoria, he disfrutado mucho ver la caída del sol. Hay tanto de Dios que se plasma allí. Un atardecer nos dibuja la grandeza y belleza de la creación. Nos hace ver cuán caótico puede ser nuestro mundo versus lo pacífica y gloriosa que puede ser la mano de Dios.

Estando allí en aquella tranquilidad, recordaba la primera casa que tuvimos mi esposa y yo, estando recién casados. La casa no era muy grande, pero tenía una vista espectacular. Eso era suficiente. Desde allá arriba en la montaña, se veía toda la bahía cuando era pintada por los colores del atardecer. Fueron tantas las tardes que me sentaba a ver el sol perderse en el horizonte.

Siempre que pensaba en aquellos días, terminaba concluyendo que la razón por la cual hacía eso antes era porque tenía mucho tiempo disponible. Parecía que había perdido el control del tiempo y que lograba robar lo mejor de mí. Miles de compromisos me habían quitado esos tiempos de mirar al sol en tranquilidad.

Era evidente que había un mensaje que Dios quería darme y lo estaba entendiendo bien. Estaba preso de la rutina y la prisa de la vida. Estaba permitiendo que me robaran el deleite de lo que hago. En la quietud de ese atardecer vi a Dios re-enfocar mis prioridades, traer paz y renuevo, como producto de ver un cambio en mi rutina.

"El tiempo perfecto para relajarse es cuando no hay tiempo para relajarse".

SIDNEY HARRIS (AUTOR Y PERIODISTA)

Dios viene a devolver lo perdido

El pueblo de Dios deseó otro menú. Ya se habían hastiado del mismo maná que un día fue tan milagroso. El maná estaba diseñado para sustentarles en medio de lo que vivían. Sin embargo, ellos deseaban otro alimento. Dios les dijo que lo podría hacer, pero habría consecuencias debido a que ese nuevo menú no estaba diseñado para su condición. Dios les daba pan del cielo y ellos deseaban carne de esta tierra.

> Él hizo llover sobre ellos carne como polvo,
> aladas aves como la arena de los mares,
> y las hizo caer en medio del campamento,
> alrededor de sus viviendas.
> Comieron y quedaron bien saciados,
> y les concedió su deseo.
> Antes de que hubieran satisfecho su deseo,
> mientras la comida aún estaba en su boca,
> A pesar de todo esto, todavía pecaron
> y no creyeron en sus maravillas (Salmos 78:27,30,32 LBLA).

Aún dándoles lo que deseaban, su apetito era insaciable. Siguieron pecando y no creyeron en las maravillas de Dios. La costumbre tiene la tendencia a llevarnos a menospreciar lo que tenemos y lo que experimentamos, con la idea de que lo que tengo delante no es suficiente.

¿Qué tal si hacemos un inventario de lo que hemos experimentado? Seguramente has tenido experiencias únicas que has tenido, que se van quedando en el olvido o van perdiendo el impacto que una vez tuvieron en ti.

Se viran las mesas

La costumbre y la rutina pueden provocar que la intención original se pierda en el proceso. Cuando esto sucede, Dios va intervenir y a provocar que algunas cosas sean estremecidas. Por eso es que vemos en el templo a un Jesús que llegó para provocar cambios repentinos.

"Jesús entró en el templo y echó de allí a todos los que compraban y vendían. Volcó las mesas de los que cambiaban dinero y los puestos de los que vendían palomas. «Escrito está —les dijo—:

"Mi casa será llamada casa de oración" pero ustedes la están convirtiendo en "cueva de ladrones".»

Se le acercaron en el templo ciegos y cojos, y los sanó (Mateo 21:12:14).

Jesús llegó y comenzó un escándalo, echando fuera clientes y vendedores, y hasta volcando las mesas. Ése era un retrato muy triste para el Señor. Su intención nunca había sido lo que él estaba viendo. Él había diseñado el templo como un lugar de encuentro con el Dios Todopoderoso. Su deseo era que fuera una casa, y no una plaza de mercado, negociaciones y transacciones.

Dos cosas me llaman la atención en esta escena. Primero, Jesús habla de "casa" y segundo, lo vemos virando mesas. El propósito de Dios fue devolver al templo la intención original. Por eso vemos a Jesús enfatizando que el templo es una casa. Es que en las casas hay vida, se habita, se disfruta de las relaciones. En los mercados sólo existe un tipo de relación: el poder del dinero. Tú vales por lo que puedes comprar o pagar. ¿Es que a todos se les había olvidado? El Padre anhela avivar nuestra relación con Él. Dios se acerca a ti hoy, devolviéndole el propósito original a tu corazón.

Segundo, la mesa es representativa del lugar de comunión. Muchos seguimos en nuestra rutina, pensando que vamos bien, pero nada más lejos de la verdad. Jesús tuvo que virar las mesas, provocar una crisis, para que se dieran cuenta de que las cosas no estaban como debían estar. Virar la mesa es un símbolo de que Dios no quiere que seamos engañados. Él desea que conozcamos nuestra condición real. Muchos estaban conformes con ir al templo a comprar su ofrenda, sin percatarse de que en el proceso, perdían la verdadera razón del templo. Dios quería comunión con sus hijos. Esas mesas eran símbolo de lo que había sucedido. La mesa era emblemática de relaciones, y la relación con Dios se había prostituido. En lugar de sentarse ante ella para crecer en comunión con el Dios todopoderoso, estaban usando la mesa para negociar y crear falsas expectativas. Me parece que este retrato es mucho más actual de lo que imaginamos.

¿Cómo es que esto se convirtió de casa de oración a cueva de ladrones? ¿Cuándo fue que permitimos que nuestras iglesias se convirtieran de casa de oración a cuevas de ladrones? ¿Dónde fue que nuestros hogares pasaron a ser cueva de ladrones en lugar de ser casa de oración? ¿Qué les sucedió a nuestras vidas que hemos permitido que pierdan su propósito?

Puedo ver a Jesús entrando a nuestras casas y virando nuestras mesas. He visto a Dios hacer entrada en nuestras iglesias virando nuestras mesas, provocando las crisis necesarias que nos hagan tornar nuestra mirada una vez más a Él. Tal vez a eso responde la sed que hay en tu corazón. Tu alma sabe bien que no debe conformarse. Hay un llamado mayor, un camino más excelente y una vida de trascendencia preparada para nosotros.

Siempre me impresiona que al virar las mesas y Jesús devolverle el propósito original al templo, vemos cómo ciegos y cojos fueron sanados allí. Esto no fue casualidad. Esta mención nos hace recordar que hay cosas que no han visto su plenitud en nuestra vida, sólo porque no tienen el diseño, intención y propósito original. Cuando se le devolvió su propósito al templo, sanidades fueron manifiestas en aquel lugar. Gente que estuvo esperando tal vez por años para recibir su milagro, lo recibieron en el momento que Jesús le devolvió al templo su diseño original.

Tal vez has visto las mesas de tu vida siendo viradas. Miras de lado a lado y ves las señales de que hay algo que necesita una intervención divina. Hoy es un buen día para regresar a la intención original. Dios está dispuesto a sanar esas áreas de tu corazón que se han desviado y anhelan desesperadamente regresar a casa.

Hoy es un buen día para tomar la pausa necesaria, y correr al lugar donde todo puedes comenzar de nuevo. Corre a su presencia, pues sólo allí hallarás el renuevo de tu corazón.

4. Una constante queja

Es de todos conocido que de la abundancia del corazón habla la boca. Cuando nuestras conversaciones se tornan negativas y lo único que puedes hallar en tus palabras es una constante queja o crítica, definitivamente algo sucede en el corazón. Cuando te hallas en esa condición, has entrado en la zona de peligro y necesitas salir urgentemente.

El asunto es que muchas veces sentimos que nuestra queja se justifica. Pensamos que lo que vivimos nos da permiso para desahogarnos con este tipo de lenguaje.

La queja no es otra cosa que veneno para el corazón. Es levantar un altar que mina toda palabra y promesa que Dios ha declarado sobre tu vida. Lo único que pretende la queja es llevarte a dar vueltas en el desierto, sin poder ayudarte a encontrar una solución. Ella debilita y nos roba fuerzas. La queja no es otra cosa que una alabanza a la negatividad. Al quejarnos, todos nuestros sentidos se enfocan en todo lo negativo que está sucediendo o que podría suceder. La queja no nos permite ver más allá de lo que enfrentamos hoy.

La queja es muy sutil. No nos percatamos cuando de manera escurridiza invade el corazón. Se ha convertido en un medio colectivo de expresión. Es tan común, que ni nos damos cuenta cuando lo hacemos o dejamos de hacerlo. Lo vemos en las tertulias familiares y de pueblo. Se puede hallar comúnmente en medios de comunicación. Hasta se fomenta que personas llamen sólo para dar quejas, como medio de expresión. Hemos confundido nuestra libertad de expresión con la nociva y confusa queja.

Una vida donde abunda la queja se centra en uno mismo. Nada de lo que experimentan otros es suficiente como para conmoverte, pues todo gira alrededor de tu insatisfacción. Puede llegar hasta el punto que los sueños tuyos y aún de muchos a tu alrededor se vean limitados porque no puedes ver más allá.

La queja no es otra cosa que una resistencia a la soberanía, amor y voluntad de nuestro Dios. Cuando nos quejamos, nos olvidamos de lo que Dios ha hecho. Esta actitud del corazón no nos permite ver claramente lo que Dios está haciendo en el presente. Al quejarnos, enviamos dardos que minan la fe y la esperanza en lo que Dios hará en y con nosotros. Si decimos creer en Dios, al quejarnos estamos negando todas sus promesas. La queja es neblina que nubla nuestro caminar. Nos roba uno de los tesoros más preciados: la capacidad de vivir en deleite y gozo.

Así como el agradecimiento es contagioso, la queja tiene un efecto de epidemia. Llega a nuestros pensamientos y no se conforma con estar allí. Corre a las emociones, a nuestra voluntad y todo comienza a ser víctima de esta pobre actitud. Toma a todos los que tienes a tu alrededor y comienza a contagiarlos con este pesimismo.

Tal vez estarás leyendo y pensando, Jacobo, ¿y qué pasa cuando siento que necesito desahogarme? ¿Qué hago entonces? Te entiendo bien. Habrá momentos cuando no comprenderemos lo que Dios hace. Llegarán días cuando pensaré que están siendo injustos conmigo. Para esos días, Dios ya ha preparado una salida. Precisamente para eso está la presencia de Dios. Va a haber momentos donde nuestro corazón siente no poder más y necesita derramar todo el lamento y descontento que ha tratado de encerrar y suprimir. ¡Ése es el lugar correcto para abrir nuestro corazón con libertad! Allí seremos dirigidos, consolados y corregidos con amor, si fuera necesario.

"Una cosa he demandado a Jehová y esta buscaré: Que esté yo en la casa de Jehová todos los días de mi vida, Para contemplar la hermosura de Jehová, y parar inquirir [interrogar, examinar, averiguar] en Su templo. Porque él me esconderá en su tabernáculo en el día del mal…" (Salmo 27:4-5 RV)

Necesitamos abrazar la actitud que manifestó Pablo. El contentamiento abre una perspectiva que nos permite ver la vida desde otro punto de vista.

"Sé lo que es vivir en la pobreza, y lo que es vivir en la abundancia. He aprendido a vivir en todas y cada una de las circunstancias, tanto a quedar saciado como a pasar hambre, a tener de sobra como a sufrir escasez. Todo lo puedo en Cristo que me fortalece. Sin embargo, han hecho bien en participar conmigo en mi angustia"(Filipenses 4:12-13).

Decide hoy ser libre de la cultura de la queja y abraza una actitud de agradecimiento. Compromete tu corazón con una vida llena de alabanza. Aquel que tiene una vida llena de alabanza reconoce las obras de Dios y las puede mantener vivas en su memoria. Es capaz de recordar lo que Dios hizo y afirmarse en lo que puede hacer. La alabanza te conecta con la visión de Dios de tus circunstancias. Nos permite ver las salidas en medio de nuestras dificultades.

La alabanza nos permite poner nuestra mirada, no sólo en lo que vivimos, sino en lo que Dios está pronto a hacer. Aviva el gozo, la fe y la pasión en nuestra vida. Es que en su presencia hay plenitud de gozo, dice la Biblia en el Salmo 16. Aquellos que aprenden a bendecir al Señor en todo, verán el gozo de Dios sobre ellos.

"Me mostrarás la senda de la vida; En tu presencia hay plenitud de gozo; Delicias a tu diestra para siempre" (Salmo 16:11).

Te invito a abrazar la vida llena de agradecimiento y alabanza.

5. Desenfoque

Una de las señales que vemos en los corazones cuya pasión se ha debilitado es que notamos una falta de enfoque. No todo lo que nos desenfoca son cosas negativas. A veces nos desenfocan las cosas buenas y honorables. Sólo que no deben ser nuestra prioridad. Aquellos que disfrutan de una relación sana con Dios, disfrutan de una claridad en sus prioridades. Aquellos que han perdido su norte evidencian una falta de orden en sus prioridades.

Cuando pienso en cómo las cosas buenas que pueden distraernos de lo mejor, pienso en el momento cuando Jesús les dio una lección valiosa a sus discípulos.

"Seis días después, Jesús tomó consigo a Pedro, a Jacobo y a Juan, el hermano de Jacobo, y los llevó aparte, a una montaña alta. Allí se transfiguró en presencia de ellos; su rostro resplandeció como el sol, y su ropa se volvió blanca como la luz. En esto, se les aparecieron Moisés y Elías conversando con Jesús. Pedro le dijo a Jesús:

—Señor, ¡qué bien que estemos aquí! Si quieres, levantaré tres albergues: uno para ti, otro para Moisés y otro para Elías.

Mientras estaba aún hablando, apareció una nube luminosa que los envolvió, de la cual salió una voz que dijo: «Éste es mi Hijo amado; estoy muy complacido con él. ¡Escúchenlo!»

Al oír esto, los discípulos se postraron sobre su rostro, aterrorizados. Pero Jesús se acercó a ellos y los tocó.

—Levántense —les dijo—. No tengan miedo.

Cuando alzaron la vista, no vieron a nadie más que a Jesús" (Mateo 17: 1-8).

Los discípulos llevaban ya un tiempo caminando con Jesús y habían visto muchas cosas que les habían impresionado, pero nada como lo que estaban a punto de ver. En esta porción de Mateo 17 se relata cómo Jesús se los lleva a un monte alto, símbolo de abandonar la rutina de nuestra agenda y darle entrada a la agenda de Dios en nuestra vida. Para renovar nuestra comunión con Dios y nuestras relaciones, necesitamos un momento para abandonar la vida común y subir a lo separado de la montaña, donde podemos ver a Dios de forma diferente.

Jesús les mostraba que había una vida superior. Les mostraba que no podían acostumbrarse a ver su relación, llamado y comunión como algo rutinario. Era tiempo de darle una inyección de fe a sus vidas; una que Jesús pretendía que no olvidaran jamás.

Esto me hace pensar en que hay una gran diferencia entre una vida de primera clase y una de clase regular. Un tiempo atrás, me encontraba viajando. Cuando me senté, me percaté de que estaba en el primer asiento luego de que termina la primera clase. Recuerde bien que dije donde termina la primera clase. Cuando saludé a la señora de mediana edad que estaba sentada a mi lado, me pareció muy amable y entusiasta. Cuando el avión estaba despegando, ella se me acerca y me dice: "¿Te diste cuenta?" Le dije: "No sé de qué me habla".

Ella me mira con unos ojos llenos de emoción y me explica: "¡Estamos justo donde termina la primera clase y empieza la segunda!" La miré confuso, tratando de ver si había escuchado bien lo que me dijo. Parece que ella vio mi cara y me volvió a iluminar con su pensamiento, quitando toda duda en mí. "¿No te das cuenta?", añadió, "estamos justo donde está la cortina que divide entre primera clase y la clase regular. Somos los primeros sentados en clase regular".

Les confieso que estaba sorprendido. La miré con compasión y le expliqué como pude en el momento. "Esa cortina que está ahí, en unos minutos la van a cerrar y el trato que darán a los que están allá y los que estamos acá será bien distinto. Ellos recibirán el trato de primera, nosotros un trato común. Créame, yo he estado allá y todo es muy diferente". Continué explicando: "Aunque parezca que no, en este caso, un asiento hace un mundo de diferencia". Ella se sonrió, se volteó y por alguna razón no me volvió a hablar más en el viaje.

Parece que la saqué de su emoción. Ese día aprendí que hay muchos en la vida que se conforman con estar lo suficientemente cerca para decir que están "cerca de", pero no "siendo parte de". A Dios le interesa darnos a conocer la plenitud de la vida que tiene para nosotros. Él está deseoso de llevarnos a abandonar la mera existencia para que decidamos caminar en una vida de trascendencia.

Cuando Jesús llega con los discípulos al monte, decide transfigurarse, nada más y nada menos que mostrando su rostro como el sol y su ropa brillante como luz. No sabían qué había pasado. Estaban impresionados. Los ojos de los discípulos querían salirse de su lugar natural, y su quijada tuvieron que recogerla del suelo. Esta lección debían tenerla. Es que caminando y compartiendo tanto con el Hijo de Dios, ya se estaban acostumbrando a verlo como uno más entre ellos.

Jesús les quería recordar de qué se trataba este llamado. Él era Dios mismo que había llegado a ellos. En la revelación ellos ven a Moisés y a Elías. Para unos judíos era impresionante ver algo así. Era encontrarse con todo lo que ellos admiraban. En un lado, Moisés, el libertador de Israel, quien trajo la ley. Más allá Jesús, el Mesías, y al fondo Elías, el poderoso profeta. ¡Qué junte!

Pedro al ver eso le dice a Jesús,

"—Señor, ¡qué bien que estemos aquí! Si quieres, levantaré tres albergues: uno para ti, otro para Moisés y otro para Elías.

Mientras estaba aún hablando, apareció una nube luminosa que los envolvió, de la cual salió una voz que dijo: «Éste es mi Hijo amado; estoy muy complacido con él. ¡Escúchenlo!»

Al oír esto, los discípulos se postraron sobre su rostro, aterrorizados. Pero Jesús se acercó a ellos y los tocó.

—Levántense —les dijo—. No tengan miedo.

Cuando alzaron la vista, no vieron a nadie más que a Jesús (Mateo 17: 4-6).

Querían quedarse allí y construir su vida alrededor de eso. Un deseo genuino que aparentaba no ser dañino, sin embargo, ése no era el fin del momento. Dios habla y todo cambia. Es que la Palabra de Dios tiene el poder de cambiar la dirección de todo corazón. La Palabra de Dios es poderosa y reveladora. Nos permite ver cosas que nunca pensábamos poder ver.

Cuando Dios habló, se postraron. La adoración nos regresa al lugar donde todas las cosas se ajustan a su punto justo. Una vida de adoración nos permite afinar y calibrar nuestro corazón. Un corazón adorador sabe regresar a su primer amor y hace que todo se coloque en su justa perspectiva. Una vida de oración es la clave para una clara visión. Lo bueno se disipa y queda lo mejor. Es por eso que cuando los discípulos se levantan, lo único que quedó fue Jesús.

Sus ojos quedaron puestos en Jesús. Es que admiramos aquello donde ponemos nuestra mirada. Lo que admiramos, lo perseguimos; y lo que perseguimos nos cautiva. Por eso para Dios es tan importante lo que colocamos como nuestra prioridad. Nuestras prioridades serán nuestro blanco y meta. Esa meta definirá nuestro caminar de fe. Determinará lo que amamos, nos apasiona y lo que nos mueve en esta vida.

6. Temor y aislamiento

Parecía que fue ayer cuando lo vieron gritar, burlarse y vencer públicamente a sus enemigos. Ahora estaba huyendo solo. ¿Cómo le pudo hacer pasado algo así?

"Acab le contó a Jezabel todo lo que Elías había hecho...

Elías se asustó y huyó para ponerse a salvo. Cuando llegó a Berseba de Judá, dejó allí a su criado y caminó todo un día por el desierto. Llegó adonde había un arbusto, y se sentó a su sombra con ganas de morirse.

«¡Estoy harto, Señor! —protestó—. Quítame la vida, pues no soy mejor que mis antepasados.»

Luego se acostó debajo del arbusto y se quedó dormido.

De repente, un ángel lo tocó y le dijo: «Levántate y come.» Elías miró a su alrededor, y vio a su cabecera un panecillo cocido sobre carbones calientes, y un jarro de agua. Comió y bebió, y volvió a acostarse.

El ángel del Señor regresó y, tocándolo, le dijo: «Levántate y come, porque te espera un largo viaje.» Elías se levantó, y comió y bebió. Una vez fortalecido por aquella comida, viajó cuarenta días y cuarenta noches hasta que llegó a Horeb, el monte de Dios. Allí pasó la noche en una cueva"* (1 Reyes 19: 1-9).

Después de la victoria abrumadora del Dios de Elías sobre los profetas de Baal, pensamos que Elías hubiera creído que Dios lo iba a defender otra vez. Pero no, a Elías se le olvidó y huyó. ¡Cuántos estarán huyendo en esta vida porque se les olvidó lo que Dios fue capaz de hacer con ellos!

Elías salió corriendo al desierto. El temor no es otra cosa que una respuesta de aquellos que han olvidado. Elías olvidó, y dice el relato que caminó todo un día por el desierto. Muchos podrían estar hoy en desiertos que ellos mismos buscaron al salir huyendo del lugar donde Dios les había puesto. Cuando olvidamos, somos capaces de hacer lo que nunca habíamos imaginado. Provocamos cosas que nunca hubiéramos deseado.

En medio de todo lo que vivía, Elías comenzó a quejarse, confesar que estaba harto y quería morir. He visto a muchos cansados y hartos de todo lo que están haciendo. No se dan cuenta que se les olvidó por qué decidieron hacer lo que hacen. ¿Cuántos habrá que han deseado la muerte? No sólo hablo de una muerte física, aunque esos también existen, sino los que ya se han dado por vencidos y quieren terminar con todo: sus matrimonios, ministerio, relaciones, responsabilidades, llamado, etc. Son muchos a quienes hoy Dios se les acerca para darles un giro a su caminar, con el fin de regresarlos al lugar donde deberían estar.

Al estar en esa condición provocada por su olvido, Dios viene a verles y a cambiar su condición. Es que Dios es un experto en visitar nuestras orillas, desiertos y soledad. Allí descansa. El desánimo que muchos experimentamos es el fruto de nuestro cansancio. Necesitamos ser capaces de descansar, tanto física como espiritualmente. El que no descansa se priva de renovar sus fuerzas. Una de las definiciones de descanso es hacer una interrupción a nuestro trabajo. Sin descanso no podemos estar alertas, perdemos la quietud del alma y la paz interior necesaria para enfrentar la adversidad. Sin descanso todo se hace más grande, más difícil, más incómodo de lo que realmente es. La falta de reposo nos hacer desesperarnos al sentirnos impotentes ante nuestra realidad.

¡Qué bueno es saber que Dios llega a nosotros allí! Él restaura el corazón más cansado. Un descanso, una comida y una dirección. Eso fue todo lo que necesitó Elías para regresar a su camino. El ángel le fue claro: "Esto no termina aquí". Aún queda más por caminar. Quedan batallas por vencer, fronteras qué alcanzar. Tal vez hoy necesitas regresar al lugar que Dios preparó para ti y no sabes cómo. Igual que a Elías, Dios te dice: "No te rindas, te espera un largo viaje". Para aquellos que pensaban que su viaje había terminado, Dios te anima hoy diciendo: "Hoy podemos comenzar de nuevo".

En medio de su desierto, Elías fue fortalecido y regresó al Monte de Dios. Le tomó cuarenta días y cuarenta noches. Hubo un esfuerzo requerido, pero llegó. Y hoy tú también puedes salir del desierto y llegar al Monte de Dios. Dios te anima a salir de tu desierto y caminar al lugar de encuentro en el Monte de Dios. Te invita a salir de tu cansancio del alma para encontrarte con tu Dios en el lugar donde desea revelarse a ti, regresarte a tu posición y mostrarte el camino a andar.

¿Estás dispuesto?

capítulo 13

Recordar es vivir

UANDO LO PRIMARIO toma un segundo lugar en nosotros, muchos de nuestros asuntos podrían verse afectados. Toma esto por ejemplo. Una familia estaba en el aeropuerto, lista para tomar su vuelo. Están registrando todas las maletas que llevaban consigo cuando el esposo dice:

"Hubiese deseado haber traído nuestro piano".

La esposa pregunta: "¿Para qué necesitamos el piano? ¡Ya tenemos dieciséis maletas!"

Él le contesta: "¡Sí, lo sé... pero nuestros boletos se quedaron en el piano!"

A veces se nos puede ir la vida en olvidar.

Tiempo para recordar tu camino de regreso

Podría escucharlo ya. Es la voz de Dios que habla en tu interior, uniéndose al clamor de tu corazón que gime por una vida superior. Dios desea verte caminar sobre las aguas, disfrutando la plenitud de su amor y experimentando de primera mano la sanidad que tanto necesitas.

Ésa es la vida que Dios preparó para ti. La misma que hace que puedas disfrutar de paz y comunión en todas las áreas de tu vida: tus relaciones, vida emocional, percepción de ti mismo, confianza y sanidad en tu corazón.

Muchos saben cuál es su condición. Saben que no están donde deben estar, pero mientras leen lo único que se dicen así mismos es: "¿Y cómo regreso?" Dios, que sabe bien nuestra condición, no sólo nos deja la advertencia, sino también la salida para aquellos que han estado en la orilla o en el desierto buscando cómo salir.

A lo último del libro de la vida, la Biblia, Dios nos deja un último caso que debemos evaluar. Nos advierte de la condición, pero también nos da la receta para poder regresar a nuestro primer amor, primera pasión y camino superior.

"Conozco tus obras, tu duro trabajo y tu perseverancia. Sé que no puedes soportar a los malvados, y que has puesto a prueba a los que dicen ser apóstoles pero no lo son; y has descubierto que son falsos.

Has perseverado y sufrido por mi nombre, sin desanimarte.

Sin embargo, tengo en tu contra que has abandonado tu primer amor. ¡Recuerda de dónde has caído! Arrepiéntete y vuelve a practicar las obras que hacías al principio" (Apocalipsis 2:2).

Dios habla a través del discípulo amado Juan, al corazón de todos los que decían amar a Dios en la región de Éfeso. Juan estaba muy cerca de la muerte, y recibe de parte de Dios una revelación de mucha trascendencia. Esas palabras no sólo iban dirigidas a los que seguían a Jesús en esos días, sino también a nosotros, que estamos aquí miles de años después.

Todos sabemos que aquellos que hablan en sus últimos días, se distinguen por sus palabras de peso y por una profundidad mayor. Entienden el tiempo que les queda y la importancia de aprovechar cada segundo. Éste es el tipo de personas por quien tú y yo deberíamos detener todo, para escuchar y aprender de lo que dirán. Sus palabras nos marcarán para siempre.

Dios comienza, en las primeras palabras de Juan a los efesios, reconociendo el arduo trabajo, firme perseverancia en su fe, entrega y servicio. Él sabe bien que han permanecido en hacer lo correcto y han sido fieles. Han cumplido su labor con celo, disciplina y determinación.

Luego de toda esta afirmación de alabanza, se nos revela algo de ellos que nos debe poner a considerar muchos de nuestros asuntos. Dios, de una manera clara, les dice: "Tengo contra ti que has abandonado el primer amor". ¿Cómo así? ¿Pero no acabamos de escuchar todas las cosas que hacían para Dios? ¿No se les acaba de alabar por todas sus obras? Precisamente ahí estaba el problema.

Estos seguidores habían hecho todo lo que entendían que debían hacer, pero algo les faltaba. Su corazón estaba divido. Se habían divorciado de la intención original, de la primera pasión, del primer amor. Seguían con todas las conductas que se esperaba de ellos, sabían lo que se esperaba de ellos, pero de tanto hacer lo que hacían, se les olvidó por qué lo hacían. Podríamos llegar a conclusiones fácilmente y hasta juzgarles. Pero al dar un vistazo genuino a nuestro corazón, todos nos podemos identificar con ellos.

He visto a muchos que han ofrecido, sacrificado y se han exigido tanto, que luego en el camino se percatan de que se han extraviado y no saben cómo regresar. Perdieron conexión con lo que les motivó y apasionó la primera vez, a vivir una vida superior. Los he visto caminando sin rumbo y sin saber cómo detenerse. Tanta faena les ha hecho que su mirada esté nublada, aún cuando siguen haciendo todo lo que saben que deben hacer.

Están muy cerca de nosotros. Se encuentran perdidos, tratando de salir, pero su cansado corazón no les da para más. Les cuesta creer que Dios sea capaz de renovar sus corazones y que hoy se les acerca a dar un giro a sus vidas.

No se dan cuenta de que están justo en la posición para que Dios vaya a verles. El mismo Dios que visitó a Pedro en la orilla. Aquel que fortaleció a Elías en el desierto. El mismo que habló al corazón de aquella mujer que estaba a punto de ser apedreada, pues la acusaban de adulterio. En ese mismo lugar donde Jesús le dijo: "Ve y no peques más". Donde todo nace de nuevo, donde todo es posible.

Él nos conoce bien. Sabe que nos puede suceder. Por eso Dios habla de corazón y nos advierte. Son muchos los que pueden seguir haciendo lo correcto después de haberlo aprendido, sin tener las motivaciones correctas. Es más, muchos lo hacen sin tener conciencia de por qué lo hacen. Se acostumbran a hacer lo aprendido, y luego se les olvida por qué lo hacen. Los psicólogos llaman a esto la automatización del ser humano. Cuando llegamos aquí, funcionamos por lo programado y no por lo que vivimos en el momento. El corazón y la mente se desligan de todo lo que hacemos. Funcionamos de una manera robotizada. Es ahí donde corremos el mayor de los riesgos de tener accidentes y tropiezos.

Esto responde a una realidad humana. Nos adaptamos a todo. La industria conoce muy bien esta condición humana. Recuerdo que recién graduado de la universidad tuve la oportunidad de comenzar a trabajar en una planta de electrónica, donde se ensamblaba paneles y componentes electrónicos. Fue todo un reto trabajar allí. El nivel de tensión era muy alto. Cada panel electrónico, memorias y componentes eran muy costosos. Si algo se dañaba, era mucho dinero el que se perdía. Nuestra cadena de producción estaba muy bien establecida y funcionaba al dedillo. Mi función en el equipo era evaluar el producto final de mi estación. Había varias estaciones en la fábrica.

Un día me percaté de que a los empleados se les rotaba de función periódicamente. Me acerqué a unos de mis supervisores y le pregunté cuál era la razón. Me dijo: "Jacobo, necesitamos mantener alertas a los empleados, en cada detalle de lo que hacen. Por eso, hay que rotarlos continuamente. Si no se hacen los cambios, veremos accidentes, errores y aumentos en pérdidas". Ese día aprendí otra lección valiosa.

Si nos acostumbramos, podríamos seguir haciendo lo que sabemos hacer, sin estar conscientes de lo que estamos haciendo. Cuando sentimos que dominamos un asunto o materia, lo natural es que sigamos haciéndolo sin ponerle la concentración que brindábamos al comienzo.

Animados, pero sin pasión

Se establece claramente en esta porción de Apocalipsis 4, que los efesios habían sufrido y perseverado sin desanimarse. Esto me llamó la atención. No fue hasta que vi esto, que entendí que hay quienes pueden estar animados sin tener presente su primer amor o pasión verdadera. La versión Reina Valera de la Biblia añade otra perspectiva. Dice que los efesios sufrieron pacientemente por amor de su nombre. Hay quienes siguen amando todo lo que representa a Dios, la iglesia, la familia, su sanidad, pero pierden la comunión con el Dios que la otorgó en un comienzo.

Si entendemos que la pasión es la manifestación comprometida y sacrificial del amor que confesamos, nos daríamos cuenta de que podríamos dar muestras de compromiso y entrega sin tener una conexión con ese amor. Podemos ser fieles, sin ser leales. La fidelidad habla de lo que hacemos. La lealtad habla de nuestra actitud en el interior, mientras mostramos nuestra fidelidad. Yo puedo permanecer al lado de alguien; eso es ser fiel. Pero si perdí mi pasión por esa relación, puedo estar a su lado y murmurando contra él sin que se dé cuenta. Eso es perder el sentido del primer amor.

El primer amor no es un sentimiento, sino una convicción y una conexión primordial. Cuando eso se pierde, todo pierde sentido, aunque sea poco a poco. Un desvío de un grado no se nota en una línea de una pulgada, pero en una milla, será evidente que han terminado en puntos diferentes. Eso es lo que sucede con el corazón que se desvía de su intención original. Al comienzo no se nota mucho, pero pasando el tiempo, será evidente la brecha. Dios está decidido a regresarnos al camino original y cerrar la brecha entre nosotros. Para eso, por amor, entregó a su hijo. Por eso una de las mejores definiciones de "pasión" en el Diccionario de la Real Academia Española es *"padecimientos que sufrió Jesús"*. No hay mayor pasión que ésa: una vida entregada por amor, no sólo siendo fiel en amor, sino mostrando su lealtad hasta la muerte.

Lo he visto un sinnúmero de veces. Esto nos puede pasar a cualquiera. Todos somos capaces de olvidar. Por eso Dios nos advierte: "Tengo contra ti que has dejado tu primer amor". Dejó el primer amor, pero a juzgar por lo que hacía, parecía que no. La pregunta que nos debemos hacer es: ¿Qué es ese primer amor? El primer amor es la conexión con el centro de todo. Es el eje que da sentido a tus decisiones. Es lo que mueve todo lo que haces. Es el amor que toma prioridad en tu vida. Primer amor es lo que te enamoró y cautivó la primera vez.

¿Te acuerdas de esa primera vez? Piensa en las cosas que estabas dispuesto a hacer cuando fuiste cautivado por esa pasión la primera vez. ¿Qué ha pasado desde entonces? Muchos podrán verse a sí mismos y notar que no son ni la sombra que un día fueron. Si es así, éste es un buen día para ti. Dios desea despertarte del sueño y en amor mostrarte el camino a andar.

¿Qué podemos hacer si nos encontramos en un lugar donde nuestro corazón anhela algo más y necesita fuerzas para hallar de vuelta su pasión?

1. **El primer paso para salir de tu condición es recordar.** Recordar es traer a memoria, tomar en cuenta y tener conciencia de lo que ha sucedido. En el latín, esta palabra habla sobre regresar a la mente lo que un día estuvo allí. En el original, "recordar" describe el proceso de despertar algo que había quedado dormido. Regresar a que cada motivación del corazón sea el amor.

   Dios pide que para poder renovar nuestro corazón, recordemos de dónde hemos caído. Tenemos que detenernos, mirar hacia atrás y recordar dónde estábamos. Es que con todo lo que se vive, podríamos olvidar cómo lo obtuvimos. Algunos vivían piadosamente cuando no tenían nada, pues su necesidad les recordaba cuánto necesitaban a Dios. Pero cuando comenzaron a recibir bendición, la bendición se convirtió en maldición. La abundancia les hizo olvidar quién fue el que les sacó del desierto y la aflicción.

¿Cuántos de nosotros hemos dejado que promesas queden dormidas? ¿Cuántos hemos permitido que nuestro llamado quede descuidado? ¿Cuántos hemos dejado de cultivar nuestra fe y pasión? Dios hoy te invita a recordar.

1. Recuerda lo que has amado.

2. Recuerda lo que te apasiona.

3. Recuerda lo que te hizo sentir vivo una vez.

4. Recuerda a Dios, su amor y lo que ha hecho por ti.

5. Recuerda sus promesas.

6. Recuerda tus sueños.

2. **La segunda recomendación dada por Dios para renovar el primer amor es arrepentirnos.** La porción exhorta diciendo: "Arrepiéntete". Es un llamado a regresar, recomponer y restaurar. La pregunta es: ¿A dónde tenemos que regresar? La palabra que se usa en el original, cuando se habla de arrepentimiento es metanoia. Esto describe un cambio de mente y dirección. El arrepentimiento es una trasformación de nuestra manera de pensar. No es un sentimiento, aunque puede incluir manifestaciones emotivas, pero más que una emoción, es una convicción de cambio.

Es renunciar a mis estándares, a mis motivaciones erróneas y abrazar el corazón transformador de Dios. Es hacer míos los pensamientos de Dios, que son más altos que los nuestros. Arrepentirme es decidir determinadamente ser libre de todo aquello que ha hecho que olvide lo que nunca debí olvidar.

Este arrepentimiento tiene que ver con atender la condición de mi corazón. Es confrontar y arrancar de mi jardín toda yerba mala que quiera ahogar mi sensibilidad a Dios. Me debe llevar a pedirle a Dios que me ayude a extirpar toda semilla de orgullo y raíz de amargura que se haya alojado en mí. Es abrazar la actitud de Cristo, quien no escatimó el ser igual a Dios como cosa a qué aferrarse. Es decidir perdonar a todos los que injusta o justamente nos han herido. Es inclusive pedir perdón a aquellos que hemos desatendido. Es comprometernos a atender nuestras conexiones valiosas.

Muchos queremos ver cambios, pero seguimos con los mismos patrones de siempre. Hoy necesitamos tomar las decisiones, y abrazar las actitudes y hábitos que nos ayuden a renovar nuestro corazón. Es entregar lo que me limita y abrazar lo que me libera. Es dar todo en mí para ver el potencial de Dios cumplirse en mi vida.

Por último, Dios nos invita a regresar a las primeras obras. Regresar a las primeras obras es uno de los recursos más valiosos que nos ayudan a recordar. Nos regresan al porqué de las cosas. ¿Cuando fue la última vez que tuviste una cita con tu esposa, como lo hacían cuando novios? Eso es regresar a las primeras obras. Hemos complicado tanto nuestras vidas que se nos olvidan cuáles son nuestras primeras obras. Dios desea que regresemos allí. ¿Cuándo fue la última vez que ayudaste a alguien que no podía devolver tu favor?

Eso es regresar a las primeras obras. Conozco de médicos que cada cierto tiempo invierten para ir a lugares, aún a otros países, para ayudar desinteresadamente a otros. He escuchado decir que algo poderoso sucede cuando llevan a cabo este tipo de dinámicas. Su interés por lo que hacen, su vida, sus familias cobran otro sentido.

Cuando dan a aquellos que no pueden devolverles nada a cambio, eso les hace recobrar sentido de lo que hacen. Regresan a su foro laboral y profesional, motivados y animados por lo que hicieron. Invirtieron en las vidas de otros.

Las primeras obras son tan necesarias porque nos permiten ver resultados tangibles que rápidamente animan e inspiran el corazón.

Compañías multinacionales han abrazado la idea de estimular que sus empleados y gerenciales inviertan tiempo, talento y esfuerzo en ayudar a otros y redescubrir lo que les apasiona. Cuando lo hacemos, nuestra vida es re-enfocada y un destello nuevo de pasión se despierta en nosotros. Algo en el corazón se renueva, y es muy difícil de detener. Nos encontramos con nuestro origen y nos volvemos a enamorar de lo que parecía haberse convertido en una carga.

Sólo Dios nos puede ayudar a que esto sea posible. Un toque de Dios en su presencia. Su palabra justo a tiempo cambia el más seco desierto en dulce manantial. Allí es donde recobramos un nuevo sentido y propósito en lo que hacemos.

"Pero tú sé sobrio en todo, soporta las aflicciones, haz obra de evangelista, cumple tu ministerio" (2 Timoteo 4:5).

Con esto en mente Pablo, al final de su carrera, le da esta instrucción a Timoteo. Le da tres recomendaciones que no debía olvidar. Primero, le pide que sea sobrio; que no deje que las circunstancias pasajeras le hagan tomar decisiones erróneas. Segundo, lo invita a soportar las aflicciones. Pablo le anima a abrazar el corazón de Jesús, que estuvo dispuesto a enfrentar la oposición, la injusticia y la adversidad de una manera sabia y humilde.

Por último, le insta a hacer obra de evangelista. Hay un peligro que podemos enfrentar aquellos que trabajamos en la iglesia, especialmente los que estamos a tiempo completo. Podríamos estar tan consumidos por lo que hacemos, que se nos olvida por qué lo hacemos.

Las tareas diarias, los contratiempos y todo lo que se enfrenta podría hacerle olvidar lo primordial. Por eso, Pablo le pide que haga obra de evangelista. Cuando ayudamos a otro a encontrarse con su propósito eterno, nuestra vida recobra sentido. Nos damos cuenta de que todo lo que hacemos, sacrificamos y rendimos tiene una razón de ser.

Veo a muchas congregaciones que empezaron con proyectos abarcadores con la intención de bendecir a otros. Pero en el proceso, la carga de mantener todo corriendo les aleja de la razón primaria de la iglesia: ver el reino de Dios establecido en las vidas de otros y que otros vean a Dios llegar a sus corazones. Luego nos preguntamos por qué vemos a tantos que caen debilitados. Es que se perdieron en el camino y no se mantuvieron conectados al GPS espiritual que los pudiera regresar a casa. Sin cultivar su pasión, se desnutrieron y no reabastecieron su fuente.

Muchas veces nos preguntamos, ¿cómo es que en las iglesias hay tanta gente seca y sin vida? ¿Cómo es que si Dios murió para darnos una vida abundante, hay muchos que dicen tenerla y no la experimentan? La razón es sencilla, sólo que nos cuesta aceptarla. Se nos ha olvidado la razón de ser de todo. Dios sigue siendo el centro, no nosotros. Él es la fuente de plenitud en esta vida. Nosotros existimos para Él; no Él para nosotros.

Se nos ha nublado la visión y necesitamos ser re-enfocados urgentemente. Hoy Dios se acerca y te habla con tierna voz: "Regresa al primer amor, al lugar de nuestro encuentro". Ama intensamente a Dios, su Palabra y la vida. Vive completamente agradecido. Mantén un sentido de privilegio por lo que Dios ha hecho en ti.

Pablo sabe bien que Timoteo podía ser presa del activismo, el afán y demandas de la vida. Por eso dejó claro esa instrucción. Haz obra de evangelista. Cuando hacemos las primeras obras, se nos recuerda por qué hacemos lo que estamos haciendo. El que ve cómo alguien regresa de muerte a vida, se encuentra consigo mismo. Se ve a sí mismo como estaba hace un tiempo atrás. Inevitablemente, el agradecimiento regresa al corazón y se recobra un sentido de privilegio. ¡Qué bendición!

Hay muchos que han dejado de servir, y de dirigir hacia Dios a los que tienen a su alcance. Ellos se han preguntado por qué han visto su corazón sin pasión y fe. Están sedientos y debilitados sin saber por qué. Hoy necesitas recobrar tus primeras obras. Servir a otros. Buscar gente que puedas dirigir a los pies de Cristo. Cuando hagas las primeras obras, regresará a ti un nuevo sentido. Tu vida pasará de la existencia a la trascendencia.

No, los ministros no somos los únicos con esta condición. Le puede pasar al empresario que vive hastiado por todo lo que le rodea. A la enfermera que comenzó con tanta pasión y hoy no deja de pensar en el día que pueda tomar vacaciones. He visto madres que se han agotado y sienten que es una carga lo que un día con tanto anhelo pidieron al Señor: el honor de ser llamadas "madres". Es que todos hemos transitado en estas vías del olvido. Sin embargo, hoy Dios abre un camino nuevo, una salida de bendición.

Es sencillo, pero poderoso. Para concluir, déjame resumirte una vez más, los pasos para renovar tu pasión.

1. Recuerda de dónde has caído.

2. Arrepiéntete

3. Haz las primeras obras.

Hoy Dios anhela renovar tu corazón. Avivar tu fe y pasión. ¿Estás dispuesto?

¿Qué tal si hacemos juntos esta oración?

Señor, ayúdame a recordar. Trae a mi memoria lo que Tú eres, lo que representas y los que has hecho por mí y para mí. Yo sé que eres mi Dios y necesito un renuevo de tu Espíritu en mí. Ven a mí, te necesito. Espíritu, hazme recordar tus promesas, hazme recordar tu amor y gracia. Hoy regreso mi corazón a ti. Aviva mi pasión y renueva mi fe hoy.

Me comprometo a dirigir mis pasos hacia ti. Espíritu Santo, te pido que si alguna vez se me olvidara, por tu misericordia hazme recordar y regresar al lugar donde todo comenzó: al rincón de tu amor.

Diez recomendaciones finales

1. Cada día decide volver al primer amor. Cultiva tu pasión. Ama a Dios, a tu prójimo. Ama la vida.

2. Procura la paz y la unidad. Recuerda que la reconciliación pesa más que la razón.

3. Recuerda las promesas de Dios. Escudriña su Palabra y haz un registro de las promesas de Dios para ti.

4. Sé generoso en todo. Sé libre, vive sin reservas. Invierte en ti y en otros. Procura ejercitarte diariamente en actos de bondad.

5. Busca frecuentemente salir de tu realidad y de tu afán. Ejercítate en la oración. Busca su Presencia y busca oportunidades para renovar tu rutina. Descansa. Eso te permitirá tener una perspectiva amplia, fresca y mayor de tu vida y lo que te rodea.

6. Conoce, anota y recuerda los sueños de Dios para tu vida, tu familia y tu comunidad.

7. Da siempre lo mejor de ti, tu 100%. Actúa con integridad y pasión siempre, en todo lo que hagas.

8. Sé el mejor "tú" que Dios quiere que seas. Sé excelente en todo. Procura que cada día, alguien vea a Dios en ti.

9. Vive con intensidad, vive con pasión. Necesitas vivir; no sobrevivir.

10. Vive agradecido y aléjate de la queja.

Como a Pedro, Dios se acerca hoy a ti y te pregunta: ¿Me amas? Así como lo hizo con Elías, se encuentra contigo en el desierto y te fortalece. Como al pueblo de Israel, Dios te viene a avisar. Recuerda que existe un camino superior. Nunca olvides que Jehová tu Dios estará contigo. Recuerda: Dios es tu Dios. No te conformes a una vida común, cuando Él ha preparado un camino extraordinario para ti.

Dios se acerca a ti hoy. ¿Qué harás?

Te invito a vivir apasionadamente. Corre y vive al potencial que Dios preparó para ti. Ve y abraza intensamente la vida abundante en Cristo. No te conformes con nada menos que eso, pues para eso fuiste creado. Vive de tal manera que cuando lleguen tus últimos días, puedas tener la certeza de que diste lo mejor de ti. Viviste enamorado de Dios, de la vida y los que te rodean.

Si acaso se te olvida, ten siempre presente esta frase:

Recuerda, ama y vive

– Fin –

Información de Contacto

EQUIPO AIRE
PO Box 687
Mayagüez, PR 00681

(T) 787.834.5685
(C) 787.450.2735
(F) 787.806.3235

equipoaire@yahoo.com
agendajacobo@gmail.com
www.jacoboramos.com